Conversaciones Pacíficas

Prevenir Conflictos
en la Comunicación

Entre culturas
En el trabajo
Entre la familia y los amigos

Gail Nemetz Robinson, Ph.D.
Traducido por Elisa Orellana Huhn

Aviso

Este libro es únicamente un manual de referencia, no un manual de mediación. La información proporcionada se ha diseñado para ayudarle a desarrollar ciertas habilidades comunicativas. No sustituye las sesiones de mediación, terapia o asesoría legal.

CONVERSACIONES PACÍFICAS
Copyright © 2016 de Gail L. Nemetz Robinson
Traducido por Elisa Orellana Huhn
Primera impresión comercial 2017

Todos los derechos reservados.
ISBN: 978-0-9970166-8-0

Publicado por Riversmoore Books
Impreso en EE. UU.

LCCN: 2016955280

Los libros de RiversMoore Books están disponibles en descuentos de cantidad especiales para compras a granel para promociones de ventas, recaudación de fondos o uso educativo. Para solicitar, póngase en contacto con RiversMoore Books, "Bulk Purchases":
www.riversmoorebooks.com

Gracias por adquirir una copia autorizada de este libro. Las leyes sobre derechos de autor prohíben la reproducción, el escaneado o la distribución de parte de este volumen en cualquier formato sin el permiso previo por escrito de la autora.

A mi querido hijo, Max.

«Si quieres que los demás sean felices, practica la compasión. Si quieres ser feliz tú, practica la compasión».

XIV Dalái Lama, <u>El Arte de la Felicidad</u>

Índice

Agradecimientos iii

Prólogo ix

Capítulo 1: Introducción 1

Capítulo 2: Relajarse 6

Capítulo 3: Empatizar 25

Capítulo 4: Escuchar 48

Capítulo 5: Acentuar lo positivo 63

Capítulo 6: Examinar y reformular 93

Capítulo 7: ¿Rendirse o seguir? 120

Notas 137

Gail Nemetz Robinson, Ph.D.

Agradecimientos

Mi primer contacto con la comunicación tuvo lugar durante los recitales nocturnos de poesía empática de la mano de mi amada madre, Freda Evans. Mi ángel de la guarda y mentora, la difunta Wilga Rivers, de la universidad de Harvard, me apuntó en la dirección para descubrir las conexiones que existen entre psicología y lenguaje. Invitada a Stanford por el psicólogo y decano Arthur Coladarci, nos sometimos a las implicaciones de que la comprensión en el lenguaje va mucho más allá de los procesos cognitivos. Mis debates semanales con el entonces rector de Stanford, Al Hastorf, me descubrieron el mundo de los obstáculos psicológicos que nublan nuestras percepciones. El psicólogo Albert Bandura, teórico del aprendizaje social, me animó a aplicar los procesos que implican los cambios del comportamiento humano a situaciones comunicativas.

Los antropólogos George Devos y George Spindler me enseñaron lo que compone una cultura y cómo se transmite, y apoyaron muchos de los talleres que cito en el libro. Los debates continuos con el lingüista Robert Politzer me animaron a utilizar un enfoque interdisciplinario para resolver problemas de comunicación.

Durante la escritura de este libro, he obtenido opiniones inestimables del psicólogo William Katkov, el interlocutor más empático que conozco.

Quiero expresar mi agradecimiento a mi colega y amigo Ross Steele de la Universidad de Sídney, por convencerme de que debía escribir este libro; y a Eugene Lawhon, Comandante de la Armada de los Estados Unidos (CDR, USN, ret.), Sabine von Thielmann, Maureen Brown y Kevin Espley por sus comentarios y sugerencias editoriales.

Estoy especialmente agradecida a mis estudiantes de la Universidad Estatal de San Diego (SDSU) y a los muchos participantes en mis talleres en todo el mundo —Australia, Canadá, España, EE. UU., Japón y México— que han realizado mis experimentos y desafiado mi manera de pensar. En todo estudio de investigación, resuenan en mi cabeza las palabras del difunto William Moore, Director del Centro de

Investigación de Medidas y Evaluación del Departamento de Educación de Nueva Gales del Sur (Australia): «Dejemos que hablen los datos».

Hay otros muchos investigadores que no he tenido el placer de conocer, pero cuyo conocimiento ha penetrado en estas páginas; no obstante, soy completamente responsable de su síntesis.

Estoy agradecida a Deepak Chopra por sus inestimables contribuciones a las conexiones entre mente y cuerpo y por popularizar la meditación; a Adele Faber y a Elaine Mazlish por enseñarnos a hablar para que los niños escuchen; y a Marshall Rosenberg por sus emblemáticas contribuciones a la comunicación no violenta. Me disculpo por la falta de referencias en esta publicación de muchos otros que han trabajado de forma diligente para mejorar la comunicación humana.

A lo largo del libro hago referencia a unas cuantas películas, programas de televisión y famosos para aumentar las asociaciones a los conceptos presentados. Gracias a Sandra Bullock, Ellen DeGeneres y Oprah Winfrey por ser embajadoras por la paz contemporáneas. En nuestra sociedad, en la que los medios de comunicación (televisión, películas, Internet, móviles) influyen en nuestra manera de expresarnos, los famosos son importantes mensajeros. El libro comienza con uno de los personajes de Sandra Bullock en *Miss Agente Especial* y concluye con una cita televisiva de Ellen DeGeneres. En un segmento de televisión sobre cómicos, Ellen comenta: «No hay que ser malo para ser gracioso». Termina cada uno de sus programas con: «Sea bueno con los demás», sentimiento que comparto al final del libro. Sandra Bullock aboga por la paz en sus guiones y su idioma pacífico, por ejemplo, *Un sueño posible, Amor con preaviso y Miss Agente Especial*. Aunque en Miss Agente Especial se burla de las concursantes al principio porque piden «la paz en el mundo», al final ella misma apoya este deseo y rechaza el egocentrismo que se interpone: *«A la gente le gusta la gente que se cuida, pero no me importa esa gente»*.

Por encima de todo, estoy agradecida a mi hijo, Max, que me ha ofrecido los problemas de comunicación más desafiantes y el mejor de todos los resultados.

Conversaciones Pacíficas

Gail Nemetz Robinson, Ph.D.

Prólogo

Cuando estaba revisando las galeradas de este libro, pasé por delante de la habitación de mi hijo. Vi un nuevo cuadro colgado de su lámpara que decía: «*El hogar es donde comienza tu historia*». Él acababa de volver de viajar durante todo un año alrededor del mundo y tenía sus propias historias que contar.

Me inundó la nostalgia. Volví a estar sentada en el despacho de mi director de tesis en la Universidad de Stanford, a punto de aprobar mi tesis de doctorado. Me preguntó: «¿De dónde viene todo esto, este profundo deseo de resolver y prevenir conflictos?». De nuevo, volví atrás en el tiempo, a ser una niña de seis años, agazapada detrás del sofá.

Una taza voló de un lado a otro de la estancia y dos voces se gritaban, cada vez más alto. Y yo, silenciosa observadora, ni objetivo ni participante.

En mi infancia, mi hogar estuvo inundado de enfrentamientos a gritos, sobre todo entre mi madre y mis hermanos. Lo único que yo quería era huir. Y a menudo lo hice. Me calzaba mis patines y salía de casa sin que nadie se diera cuenta. O paseaba por la calle hasta un árbol cercano al que poder encaramarme. Desde allí, observaba —entre la verde arboleda y las esponjosas nubes— lo que parecía un mundo pacífico. A veces, me ponía a cantar. Entonces, algún paseante inevitablemente comentaba: «¡Qué feliz pareces!». No sé si estos comentarios eran irónicos o no, porque la naturaleza, la actividad física y el canto aliviaban notablemente mi malestar.

Cuando mi padre falleció, y mi madre se volvió a casar, apareció un asolador conflicto entre mi familia de sangre y la familia política de mi madre. Por suerte, nunca me encontré en la línea de ataque y conseguí poner paz entre todos. Un día, los conflictos y el rechazo llegaron tan lejos que presencié cómo le lavaban el estómago a mi madre cuando quiso escapar de los conflictos intentando quitarse la vida.

Conversaciones Pacíficas

Todo este conflicto familiar se veía agravado por una comunidad envuelta en conflicto allá donde mirase: entre personas blancas y de color, entre judíos y gentiles, entre católicos y baptistas, entre las clases baja, media y alta (una clase social que no solo se definía por la educación y los ingresos, sino que se reflejaba en la iglesia o templo al que se asistía).

Algunas familias, culturas e individuos se alimentan de conflictos. Yo no soy una de esas personas. Cuando me marché de Memphis, fue en busca de una solución para vivir juntos en paz. Una búsqueda que me llevó alrededor del mundo unos diez años y me permitió avanzar en estudios sobre lengua, antropología y psicología.

Este libro es la culminación de todo aquello: una historia que comenzó en el hogar y que continúa en comunidades locales y globales.

En estos momentos, somos testigos del arduo conflicto diario entre rivales políticos en las próximas elecciones a la Presidencia de los Estados Unidos. Se estereotipa y acosa a comunidades religiosas por motivos de odio. En esta época en que familias de todo el mundo se preparan para pasar Acción de Gracias, Navidad, Kwanza y otras celebraciones del solsticio de invierno, algunos aborrecen la obligación que presentan. Espero que este libro también traiga un punto de diversión en las disfuncionales reuniones familiares.

Para quitar un poco de hierro al asunto, encontrará referencias cursis a viejas canciones y películas a lo largo del libro. Espero que las estrategias den resultado para evitar peleas durante la cena, obtener un ascenso en el trabajo, hacer nuevos amigos en el extranjero, o convertirse en un amigo, amante, padre o hijo más empático que pueda comunicar críticas sin herir al oyente.

La buena noticia es que hay esperanza de que haya conversaciones pacíficas si su prioridad es mantener la paz. Solo porque la historia comience en el hogar, no es necesario que termine allí.

Conversaciones Pacíficas

Gail Nemetz Robinson, Ph.D.

Capítulo 1:
Introducción

> Presentador de concurso de belleza: *¿Qué es lo que fundamentalmente necesita nuestra sociedad?*
> Concursante: *Debería haber penas más duras para los violadores y... la paz en el mundo.*

Al igual que sus compañeras de concurso, la escéptica agente del FBI que se hace pasar por concursante de belleza en la película *Miss Agente Especial* no es la primera en anunciar este deseo por la paz mundial. Sin embargo, conquistar el mundo parece una tarea inalcanzable para una sola mujer, incluso para una tan bella. Quizá obtendremos resultados más tangibles si entendemos lo que entraña la comunicación pacífica entre un número más reducido de personas, incluso dos. Si multiplicamos dos por dos, a la larga alcanzaremos una comunidad más grande. (¿Alguien ve la relación con el arca de Noé?).

La antropología nos enseña que aprendemos por contraste, por lo que puede ser útil señalar a quién no se dirige este libro. Es probable que este libro no sea útil para aquellos interlocutores que deseen tener la razón, para aquellos cuyo fin último sea ganar. Cuando hay un ganador, hay un perdedor, y a nadie le gusta perder. En tales situaciones ambos bandos suelen emplear estrategias peligrosas. Por ejemplo, para ganar, alguien puede amenazar físicamente o excluir a los demás de forma sutil, ya sea en el patio del colegio o en Internet; también se puede realizar una campaña política negativa o gritar más alto en una conversación; otros pueden pisotear a su rival en el campo de juego literalmente, o figuradamente en la sala de juntas mediante voces y amenazas de sanciones. Es posible que los perdedores que quieren velar por la paz simplemente acepten o se retiren, con miedo de que las consecuencias sean peores. Otros lucharán. Al final, los sentimientos reprimidos se podrían desatar de manera violenta. Ninguna de estas estrategias es eficaz para lograr el objetivo de este libro: conversaciones pacíficas.

Si su objetivo son las conversaciones pacíficas, este es su libro. Este libro no detendrá un conflicto internacional ni un ataque terrorista ya planeado, pero puede evitar que comience una guerra en casa, en el dormitorio, o entre compañeros de piso, de estudios o de trabajo, sea aquí o en el extranjero.

Comunicarse con calma implica cinco capacidades: el poder de relajarse, empatizar, escuchar, acentuar lo positivo, examinar nuestros objetivos y reformular nuestro discurso para que los apoye. El capítulo 2 se centra en cómo **relajarse** rápidamente en un mundo frenético porque, en pocas palabras, las personas calmadas se comunican más pacíficamente en toda situación. Se presentan estudios basados en investigaciones propias y de terceros recientes que ofrecen estrategias sencillas que funcionan rápidamente para calmar y lograr el equilibrio personal. El capítulo 3 enfatiza la importancia de **empatizar** con nuestro interlocutor (incluso cuando vemos a este interlocutor como oponente). No hay nada que sustituya el preocuparse por la situación de la otra persona. Mientras que algunos son más empáticos por naturaleza que otros, todos podemos aprender las habilidades de una comunicación empática para que nuestro interlocutor se sienta validado. Esta comunicación fluye hasta las herramientas proporcionadas para **escuchar** que se ofrecen en el capítulo 4. Estas estrategias derivan de herramientas antropológicas usadas mientras vivía con gente de otras culturas, similares a las usadas por un buen psicólogo. El capítulo 5 explica la necesidad, si no la urgencia, de **acentuar** lo positivo. Este capítulo desmitifica las trampas que el cerebro nos pone automáticamente y que nos dan percepciones equivocadas, y explica que incluso los interlocutores con las mejores intenciones están programados para ver a su oponente como el culpable u otros estereotipos. Fundamentalmente, en este capítulo aprenderemos estrategias para superar estas barreras psicológicas.

El capítulo 6 anima a **examinar** los objetivos de nuestra conversación: ¿qué queremos conseguir realmente? Y nos empuja a **revisar** nuestro propio diálogo para saber si está en consonancia con estos objetivos para después modificar nuestro discurso si no lo estuviera. Estas estrategias prácticas y específicas, basadas en estudios de investigación, para modular y reformular lo que decimos y cómo lo decimos mejorarán la comunicación sin duda alguna.

Hace años escuché una historia de una pareja caminando por la playa. El hombre ve como ella se agacha, recoge un dólar de arena vivo, y lo lleva al mar de nuevo. La mira y pregunta: «¿Qué importa? Hay cientos de dólares de arena en la playa». A lo que ella responde: «A ese le importó».

Esa es la esperanza y la intención de este libro, dar un pequeño paso hacia la paz. Se dice que una vela puede alumbrar la oscuridad. Puedo decir: «Veo la luz al final del túnel», pero un amigo escéptico podría contestar: «¡Cuidado que no sea un tren de frente!».

Capítulo 2:
Relajarse

El primer paso de la comunicación pacífica es relajarse. Aunque parezca una tontería, las personas calmadas son capaces de comunicarse más pacíficamente en toda situación. Una conversación con un representante de atención al cliente o un cajero del supermercado demasiados lentos o que no pueden solucionar nuestro problema puede generar una respuesta de enojo o calmada, según la situación inicial del cliente. El mismo cliente, en la misma situación, un día distinto puede responder de forma diferente. El consejo o la crítica de un sabelotodo nos puede resbalar un día, pero tras pasarnos una hora sentados en un atasco podría provocar que quisiéramos darle una patada, literalmente. Sentirnos calmados es incluso más importante cuando nos enfrentamos deliberadamente a una situación difícil o incómoda, debatimos problemas o buscamos soluciones. Es fundamental contar con las herramientas personales para crear paz interior.

Como catedrática cuyo propósito es promover la comunicación pacífica en clases dedicadas a la diversidad lingüística y cultural, quise averiguar la perspectiva de los estudiantes acerca de la paz. Así que pregunté a los estudiantes, durante tres años, mediante un cuestionario por escrito: «¿Qué significa paz para ti?». No proporcioné contexto a propósito, con la intención de determinar qué contexto otorgarían los estudiantes al cuestionario ellos mismos. ¿Pensarían en un contexto global al igual que el objetivo de *Miss Agente Especial*, o interpretarían la paz a nivel más personal? Análisis de los datos mostraron que, aunque algunos estudiantes describieron la paz como «la ausencia de conflicto» y «el respeto a las diferencias», la mayoría de las respuestas no se acercaba a las de las concursantes de belleza.

En su lugar, se explicaba la paz en términos de estados interiores del individuo, como «sensación de calma» o «tranquilidad». Mientras que los resultados pueden parecer triviales, las implicaciones no lo son. El esfuerzo por promover la paz y la globalización en educación se han centrado tradicionalmente en proporcionar información sobre diversos comportamientos culturales e instituciones, con el fin de comprender y respetar las diferencias. Un estudio de la Universidad de Harvard dirigido hace tiempo por Bruner mostró que, cuanta más información tenían los estudiantes sobre las diferencias de un grupo concreto, por ejemplo, los esquimales, más aumentaban los prejuicios. En el estudio de la Universidad Estatal de San Diego, cuando se preguntó acerca de actividades para clase que facilitaran la paz según su propia definición, los estudiantes mencionaron diversas actividades que cabrían en la categoría de reducción del estrés, como, por ejemplo, yoga, comedia y música relajante.

Estas respuestas coinciden con la paz dentro del sistema nervioso de acuerdo con la perspectiva de la neurociencia.

Conversaciones Pacíficas

ALCANZAR EL EQUILIBRIO

Todos los organismos vivos luchan continuamente por alcanzar la homeostasis o equilibrio.

> *La homeostasis es una propiedad de los organismos vivos que consiste en regular su condición interna para mantener unas condiciones estables y constantes mediante ajustes de equilibrio dinámicos.*[1]

Imagine una botella de agua. Si la agita unos segundos, verá un millar de burbujas. Pero observe lo que ocurre al dejar de agitarla: las burbujas se vuelven más pequeñas hasta que el agua vuelve a estar en calma.

Darse espacios

Esta calma, esta homeostasis, es nuestra tendencia natural, pero en el siglo XXI se suele pasar por alto. Nos damos cada vez menos tiempo para desestresarnos y alcanzar la homeostasis. Durante la infancia y la adolescencia, el calendario de los niños se llena de actividades, que a menudo se solapan y

> **La realidad que observamos solo existe gracias a los espacios que quedan y por contraste.**

son competitivas y estresantes, y lo llamamos diversión. En el lugar de trabajo, secretarias, camareros, profesores y directores pasan de una actividad a otra como si el éxito fuera menor por permitirnos tener tiempo libre, como si fuera muestra de debilidad, pereza o irresponsabilidad.

Cierre los ojos un momento e imagine la fotografía del rostro de alguien. Ahora, imagínela en blanco y negro. En su mente, aumente las partes blancas de arriba abajo. Haga lo mismo en horizontal en toda la imagen hasta que el blanco llegue a los laterales. ¿Qué aspecto tiene la imagen? Seguramente sea un cuadro en blanco. Nuestras percepciones de la realidad se basan en el contraste y en el espacio que queda entre medias. La luz no podría distinguirse si no hubiera oscuridad.

Deje el libro en la mesa un momento. mire a un árbol. Fíjese en el tronco, las ramas y las hojas. Ahora, comience a dibujarlo en un papel o en su mente.

¿Por dónde empezó? ¿Qué dibujó? La experiencia con participantes de talleres sugiere que dibujó el contorno exterior del tronco o la forma de las ramas o las hojas. Intente dibujar las hojas sin dibujarlas: pinte los espacios que existen entre las hojas. El dibujo sería similar. Si no hubiera espacios entre las hojas, no distinguiríamos varias, veríamos una sola.

Las mareas y las tablas de mareas ilustran esta necesidad de espacio; en este caso, tiempo para que la naturaleza cambie de un estado a otro. La bajamar se refiere al agua que se aleja de la orilla y la pleamar tiene lugar cuando el agua fluye hacia esta. El tiempo de transición entre el cambio de dirección se llama estoa. Aquellos que navegan saben que la estoa de corriente no solo es necesaria, sino que proporciona el tiempo necesario para volver a orientarse sin que el mar tire en otra dirección, normalmente contraria.

La sociedad occidental suele infravalorar este tiempo de transición. Se considera que abandonan los estudiantes universitarios que eligen tomarse un descanso para hacer su transición a la edad adulta o para dedicarse a otros intereses. Es bueno que el concepto de año sabático se esté asentando con connotaciones menos negativas. En general, en la sociedad estadounidense se espera que vayamos de la universidad a un trabajo, o de un trabajo a otro, o de un puesto a otro, sin tiempo de transición psicológica, emocional y física.

Las culturas antiguas reflejaban este tiempo de transición para facilitar los cambios necesarios en el cuerpo (como, por ejemplo, la menstruación femenina) y en las labores (como el paso a la pubertad o al matrimonio). Muchas tribus enviaban a sus mujeres a la naturaleza durante esta importante transición mensual. Tanto en tiempos pasados como actuales, los rituales de boda separan a los novios la noche de antes, rito que se origina en la necesidad de establecer un espacio entre las funciones que van a cambiar: de la vida de solteros a la de casados. Sin embargo, a menudo se olvidan los tiempos de transición en el día a día contemporáneo.

Por suerte para el lector, existen muchas estrategias orientales y occidentales que ofrecen espacios sencillos entre las actividades para otorgar una transición al sistema nervioso para alcanzar la homeostasis. La biorretroalimentación, la visualización, la meditación, el taichí, el yoga, la música y la cromoterapia son algunas de las muchas estrategias disponibles. Han demostrado que reducen el estrés y equilibran el sistema nervioso central al reducir la tensión, aumentar la capacidad de concentración, aumentar la presión arterial, reducir la secreción de cortisol y generar endorfinas.

Biorretroalimentación

Durante la biorretroalimentación, los participantes reciben información biológica al momento acerca del valor de una actividad que afecte los marcadores biológicos mediante mediciones físicas. Estas actividades pueden incluir ciclos de nueve respiraciones profundas, la repetición de mantras como «Estoy agradecido» con los ojos cerrados, actividades de parpadeo siguiendo objetos en una pantalla, la práctica de posturas de yoga, o el recordatorio y la visualización de momentos felices. Existen máquinas que nos ofrecen información inmediatamente tras sesiones de ejercicio, aunque sean breves. Son portátiles y muchas están en nuestros teléfonos móviles. La próxima vez que vaya al médico y, al tomarle la tensión, le sorprenda lo elevado de la medición, pida que se la vuelvan a tomar. Pero antes de que le repitan la prueba, tómese un minuto de calma. Cierre los ojos y respire. Visualice un recuerdo feliz y calmante. En mi caso, pienso en bucear entre los peces de colores en las aguas de

Hawái. Simplemente tras un minuto, la segunda toma de tensión pasa de ser 13,9-9,0 a 12,2-7,2. El valor de crear un espacio de calma, aunque sea momentáneo, no tiene precio.

Meditación

Deepak Chopra se ha esforzado por corroborar y popularizar las ventajas de la meditación, promovida en todo el mundo a través de los medios de comunicación y, en concreto, gracias al trabajo de Oprah Winfrey. El estudio sobre meditación más exhaustivo hasta la fecha, el proyecto Shamatha, del centro Center for Mind and Brain de la Universidad de California en Davis, está demostrando que se pueden obtener ventajas médicas a través de la meditación. Esta creencia y práctica estaba ya bien arraigada en las culturas orientales antes de la confirmación por parte de la ciencia occidental. Este estudio aleatorizado y controlado trabaja con la supervisión bioquímica y fisiológica para evaluar las acciones de pacientes antes, durante y después de una práctica de meditación a largo plazo, así como el rendimiento en tareas cognitivas y de percepción, y la autoevaluación del bienestar emocional.

> *Los resultados iniciales muestran que un entrenamiento contemplativo intensivo agudiza y prolonga la atención, mejora el bienestar, y genera respuestas emocionales menos críticas y más empáticas hacia el sufrimiento de los demás. Además, este entrenamiento está relacionado con un comportamiento emocional en favor de la sociedad y con importantes marcadores fisiológicos.[2]*

Al final del retiro de tres meses del proyecto Shamatha, se obtuvieron muestras de sangre de los participantes. Se observó que la enzima telomerasa, que a menudo se ve reprimida durante respuestas de sufrimiento psicológico, «se encontraba significativamente en cantidad en los participantes del retiro (frente a los controles), y que la actividad de la telomerasa estaba relacionada con cambios en el bienestar provocados por la meditación». Otros resultados importantes incluyen la mejora de la atención y la capacidad de inhibir respuestas. Imagine las ventajas de poder concentrarse y escuchar lo que cuenta su interlocutor, y de poder morderse la lengua antes de soltar palabras de las que más tarde se puede arrepentir.

Aunque el proyecto Shamatha mide las ventajas de un retiro de tres meses de duración, seis horas al día, se pueden obtener ventajas similares en cuanto a equilibrio inmediato mediante breves prácticas meditativas. A pesar de que estas ventajas inmediatas puedan ser a corto plazo (a diferencia de los cinco meses que duran las del proyecto Shamatha), una estabilidad inmediata, aunque a corto plazo, del sistema nervioso es fundamental para afrontar una comunicación pacífica, situación a situación.

Los sonidos de paz

La música es otra manera de alcanzar la homeostasis. Al igual que la meditación, algunas sesiones musicales requieren una práctica a largo plazo para obtener resultados a largo plazo, mientras que otras contribuyen a proporcionar, al menos, un alivio a corto plazo del estrés. El uso de la música proporciona un medio importante de equilibrio mediante frecuencias sonoras. El trabajo de Lozanov acerca del aprendizaje acelerado (también llamado sugestopedia) utilizaba música clásica durante el aprendizaje de lenguas para calmar a los estudiantes para que estuvieran más receptivos. Su investigación sugiere que la receptividad aumenta mediante la creación de ondas cerebrales alfa en el estudiante mientras escucha música. El aprendizaje acelerado utiliza música barroca en tiempo 4/4 que se considera que coincide con el latido del corazón.[3]

De forma parecida, el efecto Mozart, término acuñado originalmente por Alfred Tomatis y más tarde estudiado por Don Campbell, ha demostrado que escuchar música de Mozart tiene ventajas inmediatas a corto plazo en el estímulo del razonamiento espacio-temporal en pruebas de coeficiente intelectual.

Incluso las plantas parecen verse afectadas positivamente por música relajante. Un estudio controlado de Creath y Schwartz descubrió que los sonidos de la naturaleza afectan de forma significativa la germinación de las semillas.[4]

Sin embargo, cada uno tiene su propia manera de relajarse. Investigaciones recientes sugieren que el tipo de música que resulta relajante varía según la persona. La expresión «Va a su ritmo» tiene fundamentos neurocientíficos.

Se ha descubierto que la música que coincide con las ondas cerebrales de cada persona resulta más relajante e incluso puede ayudar a lograr un sueño más profundo.

> *Los estudios cerebrales relacionados con la música registran las ondas del cerebro mediante equipos de electroencefalograma y las traducen en composiciones musicales. Los patrones de ondas de cada individuo se procesan mediante algoritmos que extraen patrones de curación fundamentales y, a su vez, estos se transforman en composiciones musicales de dos tipos: relajante y activante.* [5]

Estudios muestran que incluso personas que padecen de insomnio se duermen tras unos minutos escuchando su propia música.

Estudios británicos y estadounidenses confirman los efectos de frecuencias sonoras sostenidas en procesos de curación. El neurólogo británico Oliver Sacks identificó las ventajas positivas de la música en la funcionalidad física, emocional y neurológica de los participantes de diversos estudios. El médico y científico suizo Hans Jenny investigó y fotografió los efectos visibles de los sonidos sobre el movimiento de líquidos y sólidos, conocido como cimática. Basándose en el trabajo cimático, el médico británico Sir Peter Guy Manners utilizó un diapasón para transmitir las vibraciones de órganos y tejidos sanos a zonas dañadas del cuerpo. Llegó a la conclusión de que en algunos casos el cuerpo no está armonizado y puede volver a alinearse mediante la transmisión de la frecuencia que falta.[6] De forma más habitual, la medicina occidental utiliza máquinas de ultrasonidos para tratar el dolor (además de la función que cumplen en los diagnósticos).

> Los sonidos a nuestro alrededor y los que producimos nosotros mismos influyen en nuestro estado de calma y el de los que nos rodean.

Todos estos estudios parecen apoyar la teoría de Einstein de que toda la materia está compuesta de energía. Como tal, no es impensable que ciertos campos energéticos se encuentren conectados de forma inseparable a ciertas frecuencias sonoras y se vean influidos por ellas, al igual que estas están compuestas de ondas sonoras que influyen a otros campos energéticos. En este contexto, los controvertidos estudios sobre la cristalización del agua de

Emoto parecen menos inconcebibles. Emoto estudió la formación de cristales tras la exposición de agua en distintos contenedores a palabras positivas o negativas. Las fotografías de los cristales muestran unas imágenes simétricas y armoniosas que son el resultado de un lenguaje de amor y agradecimiento intencionado. Las imágenes caóticas y asimétricas resultan del agua expuesta a un lenguaje de odio. Los resultados de Emoto se ven respaldados por muchas réplicas del estudio. Pero otros rebaten estos resultados. Aquellos que apoyan este estudio argumentan que las personas que quieren desacreditar el trabajo de Emoto no tienen una intención positiva tras las palabras de amor y agradecimiento. Esta intención proporciona la energía positiva necesaria para afectar a la cristalización positiva. En el capítulo 6, explicaré la importancia de nuestra intención y de cómo decimos algo frente a las palabras en sí mismas desde la perspectiva lingüística. Basta reiterar de momento que los sonidos a nuestro alrededor y los que producimos nosotros mismos influyen enormemente en nuestro estado de calma y el de los que nos rodean.

Cromoterapia

De forma similar, el uso del color en cromoterapia también ha demostrado afectar a la homeostasis. La investigación en este campo sugiere que cada color contiene una longitud de onda, una frecuencia y una energía diferentes. Algunos investigadores creen que ciertas partes del cuerpo resuenan con distintas frecuencias de luz blanca, que incluye rojo, naranja, amarillo, verde, azul, añil y violeta. Al igual que con la transmisión del sonido, hay estudios que muestran una influencia positiva de la cromoterapia en la homeostasis.

Durante un estudio reciente de tres años de duración en la Universidad Estatal de San Diego, los estudiantes participaron en una sesión en DVD de 8 minutos de duración. El DVD *Color Chants* combina música, coros, visualización y cromoterapia.[7] Se pidió a los estudiantes que se centraran en una parte concreta del cuerpo asociada a los centros energéticos orientales (también llamados *chakras*) durante aproximadamente un minuto, mientras escuchaban la música basada en variaciones de una misma nota. Durante la actividad, la sala estaba a oscuras, excepto por la pantalla donde se mostraba a los participantes un solo color para cada nota y parte del cuerpo. Por ejemplo, se mostraba una imagen de rosas rojas mientras los estudiantes se centraban en la vibración en la base de la columna vertebral. La música combinaba una escala musical occidental con tonos orientales. Formaba, de manera intencionada, una melodía monótona y repetitiva para sfacilitar un estado de meditación. Esta monotonía y repetitividad son características de los mantras y cánticos de las culturas asiáticas, y permiten una adaptación y equilibrio.

Al igual que un mantra, la repetición de una frase positiva, como «Me encuentro en paz» o «Estoy agradecido», puede proporcionar resultados similares. Imagine una onda de sonido constante o un patrón repetitivo en contraste con una serie de cambios bruscos y altibajos. Intente relacionar esta imagen con el experimento de la botella de agua al principio del capítulo. ¿Qué sonido calmaría el agua: los sonidos constantes o los cambios aleatorios?

Tras la sesión de 8 minutos de *Color Chants*, los estudiantes informaron de que se sentían más calmados que antes. En las siguientes clases, varios estudiantes contaron que durmieron mejor por primera vez en mucho tiempo. Otros se quedaron dormidos durante la sesión, e incluso roncaron. Esta relajación tiene beneficios demostrados en la concentración posterior.

En resumen, la biorretroalimentación, la visualización, la meditación, escuchar música y cánticos, y la cromoterapia, en combinación con una respiración calmada y profunda, son algunas de las muchas estrategias para crear paz interior de forma inmediata.

Crear un espacio entre actividades es fundamental para que el sistema nervioso alcance la homeostasis tras verse alterado. Esta calma aumenta nuestra capacidad de lidiar con situaciones estresantes y de responder a ellas. Imagine los resultados positivos si los estudiantes realizaran las mismas actividades en momentos de potencial estrés, como antes de un examen o al verse corregidos por sus anfitriones extranjeros que intentan ayudar durante los frustrantes intentos de hablar otra lengua. O si estas prácticas precedieran conversaciones difíciles entre seres queridos o las negociaciones en el trabajo, ya sean dos personas debatiendo una indemnización de seguro o problemas en Oriente Medio.

Como dijimos al principio del capítulo, las personas calmadas se comunican más pacíficamente.

Capítulo 3: Empatizar

Cuando le alcanza el sol tras la nube pasar,
Cuando le inunda la risa y el orgullo le llena,
No se olvide y compártalo con un ser en pena;
Pues lo que comparte, le volverá a llegar.

*(When a bit of sunshine hits you after
passing of a cloud;
When a bit of laughter gits ye an ye'r spine
is feelin' proud;
Don't forgit to up and fling it at a soul that's
feelin' blue;
For the minit that ye sling it, it's a
boomerang to you.).*

John Wallace "Captain Jack" Crawford

Aunque embarcarse en una conversación con calma es el primer paso, no hay sustituto a que nos importe realmente lo que la otra persona tiene que decir. En el siglo XIX, Ralph Waldo Emerson habló del corazón común que va más allá de nuestras diferencias. Pero acceder a este corazón común es más fácil para unos que para otros. Durante una conversación, muchos pueden ir de boquilla o hacer oídos sordos a los problemas de la persona que se desahoga, se queja o abre su corazón. Durante conflictos, algunos interlocutores se preocupan más por «ganar» que por lograr un resultado pacífico para ambos, o al menos una comunicación calmada entre las partes.

Procesando dilemas morales

Las conversaciones que implican dilemas morales cuentan con especial dificultad a la hora de obtener resultados pacíficos. Estudios de la Universidad de Princeton han descubierto que procesamos problemas morales con trasfondo personal a través de las emociones en lugar del razonamiento. Los investigadores utilizaron IRMf (imagen por resonancia magnética funcional) para analizar la actividad cerebral implicada en el procesamiento de una serie de dilemas morales personales y no personales. En un ejemplo clásico, conocido como el dilema del tranvía frente al dilema del puente, la pregunta fundamental es: ¿Deberías sacrificar a una persona para salvar a cinco? Sin embargo, las condiciones varían: La condición del tranvía implica que, al pulsar un botón, se mata a una persona, pero se salva a cinco. En la condición del puente, el sujeto en el puente puede empujar a una persona sobre la vía y matarla con el fin de salvar a otras cinco personas. Los participantes llegaron a distintas conclusiones para cada condición:

Las personas suelen coincidir en que es admisible pulsar el botón, pero no empujar a una persona sobre la vía. Las personas del estudio también siguieron este patrón.[8]

La IRMf mostró que el procesamiento mental es distinto para cada condición. La condición del puente resulta más personal y se procesa emocionalmente en lugar de a través de la razón.

Mientras que el procesamiento de problemas morales suele ser más emocional, las diferencias individuales y culturales en cuanto a empatía pueden influir en la toma de decisiones en una conversación difícil y en la actitud receptiva de cada persona a una conversación calmada.

Empatía: ¿herencia genética o aprendizaje?

Comprender el motivo por el que unas personas son más empáticas que otras puede ayudar a suavizar los juicios negativos de nuestros interlocutores que parecen menos empáticos, y consecuentemente lograr que nuestra conversación sea menos dura y un poco más pacífica. La empatía implica un conjunto de factores complejos. Una parte es genética individual; otra, genética universal; otra, cultural; y otra, experiencia individual.

Cuando me embarqué en mi viaje de diez años de duración para conocer otras culturas, mi objetivo principal era aprender a entendernos mejor. «¿Qué elementos comunes compartimos como raza humana y qué nos diferencia culturalmente? Es decir, ¿qué podemos aprender?». Con suerte, las respuestas darían luz a un modelo educativo que mejorara la comunicación dentro de cada cultura y entre ellas. Viví entre los aborígenes en Australia, con nativos de diversas tribus en Papua Nueva Guinea, la élite europea en Suiza y España, y en grupos de diversa religión, trabajo y situación socio-económica en América, Australia, Canadá, Japón y México. Durante investigaciones recientes en África, observé a los animales en su hábitat natural y su relación con comportamientos culturales humanos. Todos estos estudios me convencen de que la empatía es, en gran parte, genética, pero que varía con cada individuo en lugar de ser universal.

Por ejemplo, en Papua Nueva Guinea, la empatía difiere en cada *wantok*, que son los miembros de una comunidad cultural que se basa en el uso de la misma lengua y se compone de una extensa familia, en general relacionada genéticamente. El placer o la irritación de un individuo variaba notablemente cuando tenía que alojar a *wantoks* que lo visitaban en la ciudad de Puerto Moresby desde sus aldeas tribales, a pesar de que se considerara una obligación cultural.

Se observan distintos grados de empatía en niños nacidos en una misma familia. ¿Qué niño compartirá con más facilidad? ¿Qué niño ayudará a un desconocido con más facilidad? ¿Qué niño luchará por la libertad de los demás? La predisposición de los orangutanes macho del zoo de San Diego a compartir la comida que está disponible durante los horarios designados es variable. En África, la mayoría de los animales salvajes mata para comer. Pero algunos leones machos matan a leopardos a modo de venganza si encuentran a su cachorro muerto mientras la hembra sale a cazar.

Estos ejemplos apuntan a una diferencia en inteligencia emocional, término acuñado por Goleman en los noventa.[9] De la misma manera en que nuestro coeficiente intelectual varía, nuestro C.I. emocional también puede diferir genéticamente. La investigación neurocientífica ha descubierto células que podrían ser responsables en parte de la empatía, llamadas *neuronas espejo*.

> *Resulta que estas neuronas del cíngulo anterior que responden a un pinchazo en el pulgar también reaccionan cuando veo que te pinchas, aunque solo un pequeño grupo de ellas. Por tanto, esas neuronas [espejo] probablemente estén relacionadas con la empatía causada por el dolor.*[10]

Se requiere investigación futura para identificar hasta qué punto estas células varían en cada individuo. Al igual que otros rasgos, es probable que la empatía sea, en gran parte, genética e idiosincrásica. De forma similar, el proyecto Bio X de la Universidad de Stanford ha descubierto predisposiciones genéticas a comportamientos sociopáticos, caracterizados por la ausencia de empatía, entre otros. El dilema ético es qué hacer con esa información, puesto que predisposición no implica inevitabilidad, y se ve influida de manera positiva o negativa por el apoyo del entorno y el aprendizaje cultural, además de la experiencia de cada individuo. Concebimos cultura mayoritariamente como nacionalidad, raza o religión. Aquí, el aprendizaje cultural se define como aprendizaje en un grupo que comparte valores y experiencias que afectan la percepción y comunicación, como un colegio, grupo religioso, nacionalidad, grupo socioeconómico, club, banda, equipo deportivo, etc.[11] Cada cultura comparte un territorio común, una lengua o expresiones comunes y jerga, vestuario, alimentación, música, valores, etc., ya sean los seguidores de un equipo de fútbol, los simpatizantes de Hábitat para la Humanidad o el Klu Klux Klan. Cada grupo religioso tiene un lugar de culto al igual que cada equipo deportivo tiene un estadio. Los miembros de ciertas bandas frecuentan zonas de la misma manera que distintos grupos socioeconómicos viven en barrios diferentes. Cada grupo transmite sus valores y visión del mundo, y esto afecta al comportamiento de sus miembros. Sin embargo, los individuos normalmente forman parte de distintos grupos culturales y se ven influidos por ellos, además de la herencia genética individual y sus experiencias.

El estado socioeconómico frente a la nacionalidad

La investigación intercultural muestra que el estado socioeconómico, definido por el nivel de educación familiar y los ingresos, genera mayor influencia cultural y tiene mayor impacto sobre la percepción y comunicación que la nacionalidad. Por ejemplo, en un estudio que comparaba las similitudes percibidas entre mexicanos y tailandeses que vivían en sus respectivos países, los mexicanos y tailandeses de zonas urbanas tenían más cosas en común que las personas de las zonas rurales y urbanas de la misma nacionalidad. En una entrevista a un camarero de un restaurante en un hotel de lujo donde van personas de la alta sociedad, le pedí su opinión con respecto a la comunicación con sus clientes en el hotel frente a la comunicación con los clientes del bar en el que había trabajado previamente. Se podría pensar que los clientes del hotel tendrían interacciones más calmadas puesto que conocen la etiqueta y estaban de vacaciones. La experiencia del camarero demostraba lo contrario. «Aquí los clientes se sienten con más derechos y la dirección es más estricta que en el bar». (Los comentarios parecían concordar con la gran rotación de personal). La influencia del estado socioeconómico como grupo cultural ha demostrado pesar más que otros elementos culturales, incluso más que la educación.[12]

¿Enfoque en el individuo o en el grupo?

Las diferencias de valores sociales y aprendizaje se expresan a menudo con sutileza mediante convenciones lingüísticas, como el valor del individuo frente a «encajar».

En Estados Unidos, es un cumplido decir: «Eres diferente». En Japón, la misma frase se considera un insulto, insinuando que la persona no encaja y que está rompiendo los valores sociales. En japonés, esa frase suele ir seguida de *Hadzkashi des*, que quiere decir: «Es una situación vergonzosa». Entre angloparlantes de EE. UU., el «yo» es natural. No tenemos problema en decir de forma directa: «Yo no estoy de acuerdo» o «No». Mantener la paz y la armonía tiene un papel secundario cuando se trata de ser directos al expresar nuestra opinión. Sin embargo, los hablantes de japonés suelen decir:

«*Chigaimasu*», que quiere decir: «Es distinto». En este contexto, es comprensible que la comunicación en una sala de reuniones de una empresa o en una reunión de departamento en una universidad estadounidense parezca más argumentativa y menos pacífica que en una organización cuyo fin es alcanzar un consenso, incluso si lleva todo el día, como se ve en reuniones de negocio asiáticas.

Diferencias al estar de acuerdo

De forma similar, las respuestas breves «Sí» y «No» de los angloparlantes suelen provocar confusión y malentendidos a los hablantes de otras lenguas. Los angloparlantes están de acuerdo o en desacuerdo con los hechos, sin importar la suposición implícita de nuestro interlocutor. Sin embargo, los hablantes de la zona asiática están de acuerdo o en desacuerdo con la suposición del interlocutor. Por ejemplo, veamos para la misma pregunta, la respuesta de dos personas diferentes:

> **Pregunta:** «*No quieres quedar el viernes, ¿verdad?*»
> **Respuesta:** «*Sí*».

Si usted es estadounidense, la respuesta quiere decir: «Sí, quiero quedar». Por otra parte, si usted es asiático, la respuesta seguramente querrá decir: «Sí, tu suposición es correcta. <u>No</u> quiero quedar».[13] (Imagine un empresario estadounidense que pregunta: «No quiere comprar este avión, ¿verdad?»). La investigación intercultural muestra que niños en todo el mundo también están de acuerdo o en desacuerdo con el interlocutor hasta que las convenciones de su lenguaje les enseñan lo contrario.

En EE. UU., la excelencia individual se premia sobre la del equipo en todas las áreas, desde el colegio hasta el lugar de trabajo. ¿Quién ha obtenido la mejor nota del examen? ¿Quién ha vendido más pólizas de seguro? ¿Quién es el empleado del mes? Los deportes son una rara excepción donde se pone el foco en el equipo en la mayoría de los deportes colectivos, aunque se sigue destacando al MVP –jugador más valioso. En muchas culturas, se antepone el grupo al individuo. Por ejemplo, mientras trabajaba para SONY como Especialista en investigación lingüística en Japón, metí la pata más de una vez culturalmente. Cuando se me invitó a una reunión social de la empresa, a la que no se invitó a mi prometido el día de su cumpleaños, rechacé la invitación y decidí celebrar su cumpleaños. La reacción de mi jefe fue desazón y castigo. En otra ocasión, escribí un libro de texto sobre lenguaje, el primero que utilizaba música como base para enseñar un segundo idioma a adultos. Pedí que mi nombre apareciera en la portada. Mi inaudita e impropia solicitud recibió la respuesta: «*Chigaimasu*... no es costumbre poner otro nombre que no sea SONY en nuestras televisiones y productos».

Mientras que una parte del aprendizaje cultural y las convenciones lingüísticas se centran en la comunidad más que en el individuo, la memoria humana es bastante personal, si no egocéntrica, en todo el mundo. En los últimos 25 años, cada semestre he realizado el mismo experimento psicolingüístico sobre la memorización de palabras y su recuperación. Los estudiantes respondieron a 46 preguntas que trataban sobre uno mismo, personas conocidas, definiciones de palabras, rimas y uso de mayúsculas. Por ejemplo:

Te describe	Sincero	Sí o no
Describe a Brad Pitt	Rico	Sí o no
Da la hora	Reloj	Sí o no
Rima con tiempo	Viento	Sí o no
Mayúsculas	AHORA	Sí o no

Una vez terminado, los estudiantes tenían que dar la vuelta a la hoja y se les pedía que anotaran las palabras que recordaban de la columna central. Las palabras que se referían a uno mismo y a personas conocidas se recordaban, al menos, un 400 % más que las palabras en las demás categorías. Al ser poblaciones mayoritariamente angloparlantes, la categoría de palabras que se refería a uno mismo (es decir, te describe... honrado) se recordaba al menos un 200 % más que todas las demás categorías combinadas. Sin embargo, en clases donde había más personas cuya primera lengua era el español, se recordaba la categoría de palabras referente a personas conocidas (es decir, describe a Brad Pitt... rico) en la misma medida que las que se refieren a sí mismo. Esta información demuestra que centrarnos en nosotros mismos es normal desde la perspectiva de la memoria humana, aunque el aprendizaje cultural influye. Sin embargo, las instituciones educativas hacen un gran esfuerzo por presentar la información de manera objetiva (por ejemplo, Da la hora... reloj). La publicidad mundial está más espabilada y cada vez más utiliza a personas famosas para promocionar sus productos (por ejemplo, Jennifer Aniston anuncia Aveeno en la televisión estadounidense; George Clooney, la cerveza Kirin en Japón y Nespresso en Europa).

¿Qué tiene que ver la investigación anterior con la comunicación pacífica? Será más fácil recordar y empatizar con los problemas de los demás si nos vemos reflejados en ellos, aunque solo sea a través de una situación similar que vivimos. Por ejemplo, en el colegio, los profesores suelen preparar a la clase cuando llega un nuevo compañero de Vietnam o Somalia. Les cuentan que es posible que este estudiante se sienta asustado en un nuevo colegio. Puede que incluso pidan a los niños que acompañen a su nuevo compañero durante actividades específicas. Aunque la intención es buena, resulta difícil para un estudiante sentir el miedo de uno que proviene de otro país y que llega a una clase nueva sin ni siquiera saber el idioma. Pero casi todos hemos sentido miedo la primera vez que hacemos algo, como ir al dentista o hablar en público. Los estudiantes aprenden a desarrollar empatía mediante analogía al completar la oración «Tuve miedo la primera vez que...» y relacionar ese sentimiento al del nuevo compañero. De igual manera, mientras escuchamos a otra persona, jugar a *empatía mediante analogía* en nuestra cabeza puede generar comprensión.

El juez Richard Bernstein del Tribunal Supremo de Michigan es ciego. Durante la presentación de una charla inspiracional, el público descubrió que había terminado 17 maratones y el triatlón Ironman (que incluye 3,86 km de natación, 180 km de ciclismo y 42,2 km de carrera a pie), además de sus logros profesionales. Tras la charla, una persona del público preguntó: «¿Cómo pudo terminar Ironman? ¿Cómo terminó la sección de natación?». A lo que el juez respondió: «Estaba atado a otra persona». Más tarde, le pregunté: «¿Qué aconsejaría para desarrollar empatía hacia los demás?». Contestó: «¡Encuentre el vínculo común! Siempre hay un vínculo, con ellos, a través de su familia o un

Conversaciones Pacíficas

conocido». Sus palabras me recordaron un proverbio africano: «Si quieres llegar rápido, camina solo. Si quieres llegar lejos, camina acompañado». Podemos esforzarnos por conectar con nuestro interlocutor, sobre todo si su punto de vista es contrario al nuestro. Llegaremos más lejos en nuestro camino hacia la calma.

Los obstáculos psicológicos que inhiben las conexiones y la comunicación calmada se explicarán en el capítulo 5, además de las posibles soluciones. Por el momento, también podemos conectar con nuestro interlocutor al validar lo que dice cuando habla sobre sus problemas (sin incluir las críticas de su interlocutor actual, un tema muy delicado que trataremos en el capítulo 6). Podemos suprimir nuestro instinto de aconsejar o de tomar las riendas y solucionar el problema. Con prestar atención y reformular nuestras respuestas podemos contribuir enormemente a una comunicación calmada. Por ejemplo, imagine que su pareja o compañero de piso llega tarde al trabajo o a la universidad y grita, nervioso: «No encuentro las llaves». ¿Qué respuesta le viene a la cabeza? Es común responder: «¿Dónde las has dejado?» Pero claro, si la persona lo supiera, ¡no se estaría quejando! Nuestra pregunta es más molesta que útil. Es una trampa en la que solemos caer al intentar ayudar. En vez de eso, simplemente podemos validar su frustración y ofrecer nuestra ayuda.

Reformular para validar

Los estudiantes en la Universidad Estatal de San Diego han participado en reformular para validar a su interlocutor. A continuación, se presentan ejemplos antes y después de reformular de respuestas dadas.

Creo que he suspendido el examen.
Antes: «No, seguro que lo has hecho bien».
El «no» niega sus sentimientos, y lo que piense usted seguramente no ayuda a reconocer su ansiedad.
Reformulación: «Debe ser frustrante. Avísame si te puedo ayudar».

No me puedo creer que le haya dado a ese coche en el aparcamiento, ni que el tío haya llamado a la policía.

Antes: «¡Qué mal! Deberías tener más cuidado».

Reformulación: «¡Qué disgusto! ¿Estás bien? ¿Puedo hacer algo por ti?».

He tenido mil clases hoy y me han mandado muchísimos deberes. Y encima me duele la cabeza. No creo que pueda hacer todo.

Antes: «Lo siento. Deberías comer y tomarte algo para la cabeza, seguro que te encuentras mejor».

Reformulación: «Debe ser muy frustrante, siento que hayas tenido un día complicado. ¿Quieres que te ayude con algo?».

¡He tenido un día horrible en la oficina!

Antes: «Todos tenemos días malos, mamá».

Reformulación: «Siento que hayas tenido que lidiar con ello».

La pantalla de mi móvil está rajada.

Antes: «¡Qué mal! Deberías tener más cuidado».

Reformulación: «¡Qué rabia! Quizá la puedas arreglar».

Soy un desastre. Debería usar mi agenda. No hago más que olvidarme de cosas.

Antes: «¿Por qué no la utilizas? Cuando te pongas con ello tendrás que lidiar con mucho estrés. Deberías hacerlo cuanto antes». (¿Validación, o consejos y sermones?).

Reformulación: «Siento que estés agobiado. Si necesitas ayuda para organizarte, avísame».

Mis padres no hacen más que discutir y no sé qué hacer.

Antes: «No te preocupes, seguro que sale bien».

Reformulación: «Lo siento, debe ser duro que tus padres discutan. ¿Puedo hacer algo para que te sientas mejor?».

Mi jefe se ha pasado todo el día encima de mí por un par de errores que he cometido.

Antes: «Bueno, quizá estés cometiendo demasiados errores. Entiendo por qué está siendo duro».

Reformulación: «Te entiendo. A nadie le gusta sentirse incompetente».

Creo que no estoy físicamente preparado para la competición del fin de semana que viene.

Antes: «Creo que deberías participar, ¡eres estupendo!».

Reformulación: «Si crees que no estás preparado, lo entiendo. Pero que sepas que creo en ti y en tus capacidades físicas».

No tengo tiempo de acabar mis tareas.

Antes: «Deberías hacerlas antes de ponerte a jugar videojuegos».

Reformulación: «Entiendo que tienes mil cosas que hacer. Seguro que a veces es abrumador».

Cuando nos quejamos, desahogamos o abrimos nuestro corazón, pocas veces estamos pidiendo consejo o un punto de vista diferente. Ofrecer soluciones no deseadas es muy diferente a ofrecer ayuda. Una queja suele ser una petición de un abrazo metafórico, una validación de nuestros sentimientos. Los buenos psicólogos son maestros en la validación, y se esfuerzan por ayudar a sus clientes a descubrir la raíz de sus problemas y encontrar sus propias soluciones.

Pero cuando nos preocupamos por nosotros mismos y nuestra conducta por encima de todo, no sorprende que escuchar a otra persona sea secundario, sobre todo cuando implica sacar tiempo de una agenda apretada. Dada la complejidad de la empatía, en cualquier conversación un interlocutor puede ser más empático que el otro.

Con suerte, este debate sobre las influencias genéticas y culturales en la empatía eliminará la reacción negativa que tenemos cuando alguien parece menos empático y nos inspirará para esforzarnos más por tener una comunicación pacífica. Hace años escuche a un historiador afirmar que estudiar la historia no excusa una injusticia, pero hace que el evento sea más comprensible y desvela acciones para la prevención de estos eventos en el futuro. Incluso si no compartimos la predisposición genética hacia la empatía como Gandhi, la Madre Teresa o Martin Luther King, o incluso si nos criamos en una cultura que se centra en nosotros mismos más que en los demás, es posible facilitar la empatía creando una conexión con la otra persona, expresando una validación de sus sentimientos bien intencionada y simplemente escuchándoles.

Gail Nemetz Robinson, Ph.D.

Capítulo 4:
Escuchar

En un conocido episodio de la serie de televisión *Dos hombres y medio*, Charlie, a quien se suele percibir como un donjuán al que le gusta el alcohol y las mujeres, de pronto se convierte en la admiración de todas las mujeres en su vida, incluida la exmujer de su hermano. ¿Qué provoca este repentino cambio? Su respuesta a la expresión de sentimientos de ellas en momentos difíciles pasa a ser sencillamente: «Te entiendo». Mi profesor de Oratoria preguntó un día: «¿Alguna vez has estado en una fiesta, y hablas con alguien sin parar, llegas a casa y resumes a esa persona a tus amigos diciendo: "He conocido a alguien hoy... ¡menudo conversador!"». A todo el mundo le gusta sentirse escuchado, todos tenemos cosas que contar, y a todo el mundo le gusta sentirse comprendido.

Los antropólogos estudian ese campo para descubrir a las personas desde otro punto de vista, no el suyo mismo. No cuentan con una lista de preguntas programadas. Los oyentes interaccionan con los hablantes, interpretan las claves de las acciones de estos y cotejan lo que ha dicho el hablante con ejemplos y profundizando en los temas mencionados. Los oyentes reformulan y repiten lo que ha dicho el hablante para asegurarse de que lo han entendido. La escucha interactiva de la historia de otra persona suele ser asimétrica. Entre interlocutores, uno es el hablante principal y el otro es el oyente principal. Este tipo de escucha es un poco diferente a una conversación en zigzag que va y viene, donde cada interlocutor añade su opinión a lo que ha dicho la otra persona o habla sobre sí mismo.

Los estudiantes de español de la Universidad Estatal de San Diego realizaron entrevistas de escucha interactiva (también conocidas como entrevistas etnográficas) a hablantes nativos de español. Descubrieron que escuchar a los hablantes del idioma que estaban estudiando aumentó su comprensión, respeto y actitud hacia los mexicanos que viven en San Diego.[14]

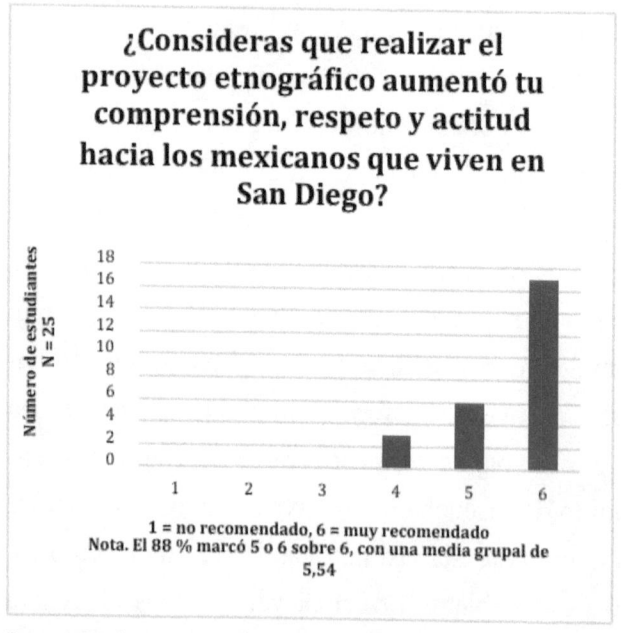

¿Consideras que realizar el proyecto etnográfico aumentó tu comprensión, respeto y actitud hacia los mexicanos que viven en San Diego?

1 = no recomendado, 6 = muy recomendado
Nota. El 88 % marcó 5 o 6 sobre 6, con una media grupal de 5,54

Las técnicas de escucha interactiva son especialmente útiles en contextos delicados que implican escuchar un punto de vista distinto al de uno.

Para ser un buen oyente, tiene que creer que la otra persona tiene algo valioso que decir y seguir unos pasos sencillos.

ESTRATEGIAS PARA ESCUCHAR INTERACTIVAMENTE

Empiece con una pregunta abierta.

En Lingüística, una pregunta *cerrada* es aquella que puede contestarse con un sí o no, por ejemplo, «¿Te cae bien este profesor? ¿Te cae bien tu jefe?». Una pregunta *abierta* sería: «¿Qué piensas de...? ¿Qué te hace sentir este tema?». Los antropólogos saben que las preguntas cerradas no se prestan a explorar la perspectiva interna. Las preguntas que se contestan con una palabra son bastante cerradas, por ejemplo, «¿Cuál es el título de tu película preferida?». Las preguntas cerradas suelen *matar la conversación*, mientras que las preguntas *abiertas* invitan a profundizar más y permiten un seguimiento interactivo.

Escuche interactivamente y compruebe su entendimiento.

Interaccionar con el hablante le da un nuevo sentido a la frase «aferrarse a cada palabra». Un buen oyente busca las palabras clave y pide más información: «¿Me puedes poner un ejemplo?, Cuéntame más sobre...». Cada cierto tiempo, el oyente comprueba su entendimiento mediante reformulación: «Dices que...».

Reformule.

Cuando alguien no entiende lo que se dice, una estrategia habitual es repetir más despacio y más alto, sobre todo si se trata de un tema controvertido. Inconscientes viajeros en el extranjero son a veces culpables de este enfoque tan poco efectivo. Lo que sigue es un diálogo observado hace años en España entre un turista estadounidense y un vendedor en un quiosco.

>Turista: *Give me a pack of Pall Malls.*
>(Deme un paquete de Pall Malls).
>Vendedor: Lo siento, señor, no hablo inglés.
>Turista: (más alto) *Give me a pack of Pall Malls.* (Deme un paquete de Pall Malls).
>Vendedor: No comprendo, señor.
>Turista: (más despacio y gritando) *GIVE... ME... A... PACK... OF... PALL... MALLS!*
>(Deme un paquete de Pall Malls)

Confundido aún más por el puro que tenía en la boca mientras hablaba, este turista en pantalones cortos en la ciudad de Madrid representaba la caricatura del «estadounidense feo». No pensó en apuntar, ni en decir *por favor*, o reformular a «cigarettes, please» (que se habría entendido gracias a la similitud con la palabra española *cigarrillos*). Mejor aún (o peor), no pensó en aprender las palabras básicas *por favor* y *gracias* en el idioma del país que visitaba. Como puede imaginar, el viajero se marchó enfadado y sin cigarrillos, mientras que el vendedor sacudía la cabeza desconcertado. No solo se encuentran estas situaciones en el extranjero. Al revisar un vídeo de las entrevistas más importantes del programa de televisión *60-minutes, 25 Years*, me sorprendió ver que un famoso reportero utilizaba técnicas similares en una entrevista con un preso estadounidense.[15] Andy Rooney presentó el segmento concreto con las palabras: «Incluso cuando [los reporteros] consiguen que se sienten para hacerles una entrevista, no siempre es fácil obtener respuestas».

> Reportero: *Cuando confesó, cuando confesó, ¿le dijeron lo que tenía que decir?*

Preso: ¿Me dijeron?

Reportero: *¿Lo que tenía que decir? Cuando confesó, ¿le dijeron lo que tenía que decir?*

Preso: Bueno, yo...

Reportero: *Cuando... confesó... (despacio)*

Preso: No, no, no. No le preguntaron a mi madre.

Reportero: *A su madre no. Cuando confesó,* (más alto y más despacio) *¿le dijeron lo que tenía que decir?*

Preso: Bueno, ¿mi madre?

Cuando la otra persona no entiende lo que quiere comunicar, puede resultar mucho más útil usar otras palabras para decir lo mismo en lugar de seguir repitiendo más despacio y más alto.

Céntrese en el hablante, no en sí mismo.

En el capítulo anterior hablamos de la necesidad de establecer un vínculo con nuestro interlocutor incluso a pesar de las diferencias claras, es decir, desarrollar una empatía mediante la analogía con nuestros propios dilemas. Sin embargo, al hacerlo, el oyente debe tener cuidado de no cambiar el foco de la conversación a sí mismo sin querer. En este tipo concreto de conversación, la idea es mantener el foco en el hablante principal para alcanzar un conocimiento profundo.

Haga pausas.

Durante la conversación, asegúrese de pausar y dar tiempo para que el hablante responda. Algunas personas necesitan más tiempo que otras para procesar antes de responder. Otros reflexionan más tiempo y desean pensar antes de hablar. Al hablar con una persona cuya primera lengua es distinta a la nuestra, permitir pausas es incluso más importante. No obstante, durante una conversación o discurso en EE. UU., muchos se sienten incómodos cuando hay un silencio.

Para ilustrar lo incómodo de un silencio a un gran público de profesionales en EE. UU., subí al podio después de que se me presentara, miré al público, miré hacia abajo, y esperé 5 segundos antes de empezar a hablar. Entonces, pregunté: «¿Qué se les estaba pasando por la cabeza?».

Suspiros de alivio y risas rompieron el silencio. Tras únicamente 5 segundos, muchos pensaron que estaba nerviosa o que me olvidado el discurso. La mayoría había empezado a sentirse incómodos y a cuestionar mi experiencia. En una conversación, para reducir la incomodidad de la pausa, muchos nos lanzamos a hacer preguntas o comentarios, o hablamos sobre nosotros mismos, centrando la atención sobre nosotros. Una sencilla pausa puede cosechar detalles sorprendentes en una conversación.

Muestre aprecio.

Por último, incluso cuando no esté de acuerdo con lo que acaba de escuchar, la conversación puede terminar de forma pacífica al mostrar aprecio a la otra persona por tomarse el tiempo de expresar sus pensamientos y sentimientos.

A continuación, presento una conversación que rompe todas las normas. Es una interacción entre una empleada y una estudiante japonesa en una universidad de EE. UU.[16] ¿Puede usted identificar los errores que comete la empleada? ¿Hace preguntas abiertas? ¿Interacciona con lo que dice la hablante o cambia de tema constantemente? ¿Se centra en sí misma o en la hablante? ¿Hace pausas?

Hola, me llamo Carol.
Me llamo Noriko.
Un placer conocerla.
Un placer conocerla.
¿Es japonesa?
Sí, lo soy.
¿De dónde?
Cerca de Tokio.
¿Cuánto tiempo lleva aquí?
(Observe las preguntas anteriores, ¿son abiertas o cerradas?).
Dos años.
Yo solo llevo aquí un par de años también. Me encanta San Diego. Es un sitio bonito.
¿Qué come?
Un bollo.
Tiene buena pinta.
¿Dónde vive en San Diego?
(¿Cambia de tema constantemente?).
Cerca de la universidad.
Ah, qué bien.
(Pausa, y continúa:)

¿Ha visto las obras?

Sí.

Cuánto trabajo. Es una pesadilla, un engorro. ¿Está casada?

(Pausa de 3 segundos) Yo sí. Tengo un par de hijos. Pero ya son todos mayores.

(¿Se centra en la hablante o en sí misma? ¿Hace pausas o sigue haciendo preguntas?).

¿Qué estudia?

Lingüística.

Yo trabajo aquí. Sabe, se me hace tarde. Tengo que comprar comida y marcharme corriendo. Ha sido un placer hablar. A ver si coincidimos otro día y hablamos más.

Un placer conocerla. Adiós.

Adiós.

La siguiente es una transcripción de la reacción de la estudiante a esta conversación:

¿Me puede decir cómo se sintió en esa conversación?

A veces me siento incómoda porque no quiero hablar sobre mi matrimonio o si me gusta algo. Es muy difícil para mí hablar de mis sentimientos con alguien que no conozco. Ella no hacía más que hablar y no me daba oportunidad para responder. Y eso me molestó. A veces, siento que quiero salir corriendo.

Al usar las técnicas de escucha interactiva, la hablante solo habla de lo que se siente cómoda. La siguiente conversación es el resultado de seguir los pasos sugeridos:

¿Le importa si hablamos de sus vivencias aquí?
¿Cómo se siente al estar lejos de casa? (pregunta abierta)
A veces, <u>echo de menos</u> a mi familia, pero <u>disfruto</u> la vida aquí.
¿Qué cree que <u>echa de menos</u>?
Estar cerca de ellos. A veces, simplemente cenar con todos ellos... (pausa de varios segundos) *A veces, echo de menos a mis <u>mascotas</u>.*
¿Tiene <u>mascotas</u> aquí también?
Sí.

Ha dicho que <u>disfruta</u> estando aquí. ¿Qué tipo de cosas <u>le gusta</u> hacer?
Puedo <u>estudiar</u>, que es algo que quería hacer aquí.
¿Qué <u>estudia</u>?
<u>Lingüística.</u>
¿Qué le interesa sobre el estudio de la <u>Lingüística</u>? ¿Por qué cree que le atrae?
El idioma desvela <u>la psicología humana</u>.
¿Puede darme un <u>ejemplo</u> de cómo cree que el lenguaje es un reflejo de la <u>psicología humana</u>?
Cuando digo: «Aquí hace calor», quiero provocar que alguien de la sala abra la puerta o la ventana, o ponga el aire acondicionado.
¿Cree que las <u>implicaciones</u> son las mismas en inglés y en japonés?
Japón es más indirecto. Estados Unidos es más directo, al igual que la responsabilidad del oyente de comprender lo que se dice.
¿Puede darme un <u>ejemplo</u>?
(<u>pausa larga</u>) ... Imagine que trabajo en una empresa y mi jefe me dice: «Se puede ir a casa». Si aún me queda trabajo que hacer,

pero el jefe dice que me puedo marchar, lo puedo interpretar de manera directa y marcharme. Eso, en Japón, es de mala educación. Tengo que pensar que mi jefe me está diciendo que sabe que tengo que irme, pero que tengo que acabar lo que estoy haciendo.

Ah... interesante.

Tengo que imaginar lo que él está pensado de forma detallada, y después actuar. En EE. UU., incluso si tiene una pila de trabajo acumulada, cuando su jefe le dice: «Se puede ir a casa», se puede marchar. Es muy distinto.

Entonces, ¿dice que en Japón tiene que leer entre líneas y adivinar el significado? (Reformulación para comprobar la comprensión)

Sí.

Noriko, ha sido un placer hablar con usted. Me ha mostrado un punto de vista de su cultura muy interesante. (Muestra de aprecio)

De nada. Cuando quiera.

Domo arigato gozaimashta.

Doitashimashte.

(El diálogo anterior son segmentos de mi vídeo *From the Inside, Ethnographic Interview Techniques*, disponible en YouTube).

Seguir los pasos de escucha interactiva (seguir lo que dice el hablante y dejar que la conversación se desvíe por donde proceda) nos lleva a un laberinto de interconexiones únicas para el hablante que se convierten en *su historia*.

Capítulo 5:
Acentuar lo positivo

Un musical de Broadway de los años 50, *Annie Get Your Gun,* alababa las ventajas de «hacer lo que te sale de forma natural». Este bien podría ser el lema del siglo XXI. Las tendencias alimenticias se hacen eco del mensaje: «Lo natural es mejor». Sin embargo, hacer lo que le sale de forma natural y hacer lo que es mejor para lograr una comunicación calmada a veces están enfrentados.

Estamos programados para caer en ciertas trampas de percepción. Nuestros cerebros en general resaltan lo negativo. Lo que nos sale natural, a veces, es estereotipar, juzgar incorrectamente y acusar en falso. Estas mismas trampas nos impiden comunicarnos de forma calmada y nos hacen creer, aunque no lo digamos en alto: «Yo tengo razón, tú no». «Siempre haces esto... nunca haces aquello...».

Además, algunos clichés bienintencionados pero poco realistas nos predisponen a fallar, como «Ponerse en sus zapatos» o «Ponerse en la piel del otro». A menos que, mientras estemos en la piel del otro, recorramos el mismo camino en las mismas circunstancias, durante el tiempo suficiente como para liberarnos del choque cultural y adaptarnos realmente, entonces es un ideal surrealista. Durante experimentos en clase donde los estudiantes se intercambiaban los zapatos, todos estaban impacientes por volver a los suyos. Andar en los zapatos de otro provocará, con seguridad, ampollas y una reacción de rechazo en el futuro. Cuando la euforia de explorar nueva información de una nueva persona o lugar se diluye, nos enfrentamos al aislamiento. Las nuevas parejas rompen, los voluntarios del Cuerpo de Paz sienten la tentación de volver al hogar, y los estudiantes extranjeros quieren volver a casa. «Ver desde su punto de vista» también es un deseo de esperanza, pero engañoso. Solo hay que intentar ponerse las gafas o las lentillas de otra persona durante un momento para entender lo obvio de la dificultad.

El proceso de adaptarse a otra persona se parece más a ablandar nuestros propios zapatos con el tiempo o modificar nuestra propia percepción. Un enfoque más útil es comprender los obstáculos psicológicos imprevistos que dificultan la comunicación pacífica, como los ejemplos a continuación, y practicar maneras de superarlos.

OBSTÁCULOS PSICOLÓGICOS

Nos proyectamos en los demás.

Inconscientemente, proyectamos nuestros sentimientos de forma automática sobre los demás. En un experimento, se separó a los participantes en dos culturas ficticias. Ningún grupo conocía las metas o normativas de la otra cultura. El objetivo principal de una de las culturas era social, y la otra se centraba en los negocios. En un momento dado, cada uno de los participantes visitaba la otra cultura. Tras el juego, se hicieron dos preguntas a todos los participantes: 1) ¿Cómo se sintió al visitar a la otra cultura? 2) ¿Cuál es su opinión de la otra cultura? Aquellos que se sintieron cómodos percibieron a la otra cultura como acogedora, interesante y hospitalaria. Los que se sintieron frustrados —la gran mayoría— percibieron que la otra cultura era hostil, explotadora e irrespetuosa. Los objetivos y las normas de interacción de cada cultura eran totalmente diferentes: la cultura social hablaba sin parar y establecía contacto físico al estar cerca; la otra no paraba de cambiar cartas para ganar al conseguir una secuencia. Sin embargo, ambas culturas juzgaron a la otra de forma negativa.

Puesto que nuestros propios sentimientos y estado de ánimo afectan a nuestra comunicación, tendremos más posibilidades de un resultado pacífico si utilizamos estrategias de forma consciente para calmarnos antes de comenzar una conversación difícil, sin olvidar la tendencia natural que tiene nuestra mente de proyectarnos en nuestro interlocutor. No obstante, aún quedan otros muchos obstáculos psicológicos que superar.

Las apariencias engañan.

Eso dice el dicho, pero, aun así, nos dejamos engañar por las apariencias. Establecemos un marco de referencia basándonos en muy poca información. En aulas de todo el mundo, he repetido el mismo sencillo experimento en el que se muestran 5 imágenes de animales a la mitad de clase y, por separado, se muestran 5 imágenes de personas a la otra mitad. Toda la clase ve simultáneamente una sexta imagen ambigua que contiene tanto una rata como a un hombre. A continuación, se pide a la clase: «Levanta la mano si ves una rata». Normalmente, media clase levanta la mano. Después se pide: «Levanta la mano si ves a un hombre mayor». La otra mitad de la clase levanta la mano. (Con muy pocas excepciones, la interpretación de la sexta imagen ambigua se corresponde a las fotos vistas anteriormente). Se miran los unos a los otros y alguien suele preguntar: «¿Quién tiene razón? ¿Qué es?». Pero, en realidad, no hay una respuesta correcta.

Como ocurre en muchos errores de comunicación, hay una interpretación distinta, basada en experiencias anteriores diferentes. A menudo, las experiencias generan un marco de referencia o perspectiva muy limitado. En el ejemplo anterior, 5 imágenes fueron suficientes para afectar a la percepción e interpretación de una foto ambigua. Bastan incluso menos experiencias. Los experimentos como este son importantes para convencer a los incrédulos de que ambos interlocutores pueden tener razón y que no pasa nada por tener diferente opinión.

La primera impresión es lo que cuenta.

Si lo vemos desde el punto de vista de la percepción, este es un cliché bastante acertado. Una vez establecido un marco de referencia, aunque se base en información limitada, suele mantenerse a causa de la tendencia humana a la coherencia. La psicología de la percepción demuestra que nuestro piloto automático tiende a seguir un camino. Sorprendentemente, la información nueva no suele ayudar mucho a cambiar nuestro punto de vista. La información opuesta se rechaza o se distorsiona para que encaje en nuestro marco de referencia existente en lugar de cambiarlo.

Un sketch cómico del programa televisivo *Saturday Night Live* ilustra un cambio de perspectiva. La cómica Gilda Radner hace de profesora sustituta que cambia de perspectiva cuando descubre que ha oído mal la información. Comienza la clase explicando el motivo por el que el profesor habitual no está:

> *Me he enterado del accidente con el bombo. Tuvo que ser grave, porque por lo visto se lo llevaron en ambulancia. He oído que es la tercera vez que le pasa a alguien del colegio en esta semana. Cuidado con los bombos...*
> Señorita Litella, fue una bomba.
> *Ah, ¡entonces nada!*

Normalmente no es tan fácil cambiar de opinión.

Siempre es sorprendente que un político o presidente que cambia su programa o agenda basándose en información nueva se considera débil, mientras que uno que mantiene su postura incondicionalmente a pesar de la información que lo contradiga se considera fuerte.

En realidad, aquel que cambia su postura demuestra un punto de vista ilustrado y el que no, el engañoso piloto automático del cerebro. Cambiar la perspectiva implica un cambio de paradigma difícil, aunque la perspectiva de cada uno suele estar basada en información limitada.

En un estudio clásico de los psicólogos Hastorf y Cantril, estudiantes de Princeton y Dartmouth vieron un vídeo de uno de los juegos más violentos de la historia. Se les pidió que anotaran todas las infracciones normativas, cómo comenzó y quién era el culpable. Los seguidores de Princeton vieron el doble de infracciones por parte de los jugadores de Dartmouth que los estudiantes de Dartmouth, y viceversa. La información que llegaba a cada uno de los aficionados se distorsionaba para encajar en cada perspectiva.

Durante un estudio en Australia, hice dos preguntas a todo séptimo curso de un colegio que se encontraba en un barrio mixto de anglo-australianos y la primera generación de ítalo-australianos: «¿Cuál es tu impresión <u>general</u> de las personas de países extranjeros? Nombra el país del que hablas y el motivo». En el mismo cuestionario, pregunté: «¿Has conocido o hablado con alguien extranjero? ¿De qué país y cuál fue tu impresión <u>específica</u>?». Sorprendentemente, los mismos estudiantes que tenían impresiones negativas de los italianos («Se pasan el día gritando, son rudos») recordaban una experiencia positiva con un italiano conocido: «Conocí a un italiano en una cafetería. Era simpático y servicial». Sin embargo, esta experiencia positiva no cambió la impresión general de esos estudiantes. En su lugar, se percibió como una excepción.

Ver para creer.

Mejor dicho: «Percibir (incluso erróneamente) para creer». Creemos lo que vemos, pero no vemos con objetividad. Vemos lo que destaca, y lo que destaca es lo diferente, desde el punto de vista del espectador. Se denominan claves destacadas. En 1999, la adaptación de la famosa película *El secreto de Thomas Crowne* proporcionó un ejemplo cómico. Un mujeriego de éxito, interpretado por Pierce Brosnan, se divierte robando obras de arte, y anuncia de forma premeditada a la policía la fecha en la que robará un famoso cuadro de un conocido museo. Como era de esperar, en el día señalado, la policía se encuentra vigilando a través de videocámaras y con hombres vestidos de civiles en distintas partes del museo. El protagonista entra en el museo con un bombín (la clave destacada). La policía se siente confiada y sigue al bombín hasta que se dan cuenta de que están siguiendo a varios hombres con bombín que el protagonista a apostado en el museo. Las claves destacadas son las que llaman la atención, pero no siempre dan información precisa.

Lo que destaca suele verse como negativo.

La mayoría de las claves destacadas no son tan graciosas como las del ejemplo anterior. Hay estudios que muestran casi unánimemente que las claves destacadas (aquellas que se perciben como diferentes por el espectador) se interpretan de forma negativa (con la excepción de aquellas cosas a las que aspiramos). Esto ayuda a explicar por qué enseñar tolerancia basándose en entender las diferencias a menudo tiene el efecto contrario. Por lo general, las diferencias dividen. Si queremos que haya paz entre dos partes enfrentadas, buscar las similitudes de forma intencionada al principio de una conversación es mejor estrategia.

Errores matemáticos psicológicos

Cuando hablamos de la percepción de una persona, nuestros cerebros no son buenos matemáticos. No solo se juzgan de forma negativa las claves destacadas,

> **Nunca...**
> **Siempre...**
> **Todo el mundo...**
> **Nadie...**

sino que exageramos esas diferencias en nuestra memoria al menos al triple.

En el estudio mencionado anteriormente sobre impresiones de los estudiantes en Australia, los estudiantes dijeron que los italianos eran «macabros, *siempre* van de negro». Aunque algunos cuidadores italohablantes recogiendo a los niños después del colegio iban vestidos de negro completamente, eran pocos. Con más frecuencia, la nacionalidad de los demás padres (incluidos los italianos) no se podía distinguir mediante la ropa, lo que difiere bastante de la afirmación de que los italianos «*siempre* van de negro».

Para ilustrar este principio a un público de 1000 educadores, coloqué ayudantes en las puertas que entregaban una toalla de papel doblada a la décima persona en pasar (mientras quedaran existencias) con las instrucciones: «Por favor, colóquese esta toalla alrededor del cuello. Si alguien le pregunta, encójase de hombros». Durante la presentación le pregunté al público: «¿Alguien nota algo?». En ese momento, varias personas gritaron: «¿Por qué tiene *todo el mundo* una toalla de papel?». En realidad, solo había unas 40 entre los 1000 asistentes. Además, los ayudantes informaron de que las personas que no recibían toalla se sintieron despreciados: «¿Por qué yo no tengo una?». Les di instrucción de que cerraran los ojos y pregunté: «¿Cuántas personas tienen una toalla de papel?». El error matemático típico fue mayor de lo esperado: en lugar de las 40, la media fue de 150.

Si aplicamos este error a nuestra percepción de las personas en una tienda, en la calle, en clase, en una fiesta o en una mesa redonda, se ven con claridad las raíces de los estereotipos. Encontrarse con unos cuantos miembros del grupo con características distintas a la mayoría es suficiente para generar el estereotipo impreciso de que todo el grupo es parecido. Una rubia sexy que hace de tonta en un anuncio de televisión puede generar la noción de que «todas las rubias son tontas». Si vemos un conductor lento de raza asiática en la carretera, podemos pensar que «todos los asiáticos conducen lento». Conocer a una persona judía con nariz aguileña generó el estereotipo de que «todos los judíos tienen la nariz grande» (enormemente promovido en la Alemania de 1940). Un puñado de mujeres ataviadas con hiyab en el centro comercial nos genera la sensación de que «todas las mujeres musulmanas llevan velo» (¿y qué esconderán?). Cuando las noticias claman que mexicanos han cruzado la frontera ilegalmente en posesión de drogas, se alimenta la noción de que «todos los mexicanos son delincuentes». Con solo ver a un par de personas de color con los labios más gruesos que la mayoría de los presentes en una sala, se genera una etiqueta despectiva. Y si estas personas cuentan con vestimentas ajadas, los observadores incluso temen que se vayan a producir actos violentos.

Es útil añadir sus ejemplos personales. Piense en su pareja, compañero de piso o socio de negocios. Antes de continuar, no piense demasiado y anote el final de estas frases en un papel o simplemente complételas en su cabeza: «Tú siempre... Tú nunca...».

Algunas respuestas típicas: Nunca lavas los platos. Siempre me interrumpes. Siempre llegas tarde. Nunca escuchas. Nunca me llamas a la hora que dices.

Para contrarrestar este error matemático psicológico, durante la semana que viene observe y cuente las ocurrencias reales de sus afirmaciones. El número de ocurrencias suele ser bastante diferente a lo imaginado.

Policía bueno/Policía malo (el efecto del ángel y el demonio)

Nuestro cerebro funciona mediante categorización, agrupando cosas, correcta o incorrectamente. Sin prestar atención ni tener una conciencia educativa específica de ello, nuestro sistema de catalogación separa automáticamente a las personas en buenos o malos, sin términos medios.

Las características de la persona se generalizan para crear un efecto negativo o positivo: la persona no hace nada bien o no hace nada mal. Por ejemplo, estudios de investigación psicológica han demostrado que las personas que percibimos como atractivas también se perciben como las más inteligentes e influyentes en una conversación. (Sería interesante volver a realizar estos estudios ahora que estamos en plena generación de *frikis* y gracias a la popularidad de series como *The Big Bang Theory*). Pero el principio sigue siendo válido. Aquellos a los que vemos como atractivos se agrupan automáticamente con otras muchas características.

Esta percepción errónea, por desgracia, suele convertirse en una profecía que se cumple por su propia naturaleza en el trabajo y en los colegios. Como profesora invitada a una universidad del sur de EE. UU., un colega me proporcionó «consejos» útiles sobre estudiantes concretos. «Seguramente, Lawrence suspenderá». Era un estudiante de color que se sentaba relajado, echado hacia atrás en la silla, con un palillo de dientes en la boca. Sin embargo, durante mi clase, Lawrence se sentó erguido rápidamente cuando la conversación pasó a aplicarse a la relación que tenía con su pareja. (Recuerde el experimento de memorización sobre nosotros mismos y las personas a las que conocemos). No era un ángel, pero tampoco un demonio. Obtuvo un 8 en clase.

Ya sea el gafotas de la oficina o el Sr. Buenorro, a ambos se les juzga mal de la misma manera. Ambos forman parte de varios grupos culturales que contribuyen a su persona, lo que hace que las etiquetas no tengan ningún sentido.

La minoría modelo es una etiqueta reciente del vocabulario estadounidense e ilustra ese *efecto angelical*. Esta etiqueta provoca el estereotipo «a todos los asiáticos se les dan bien las matemáticas». Aunque a menudo es halagador, también demuestra un estereotipo que provoca que las personas con dificultades se vean ignoradas. Antes del año 2000, incluso la Oficina del Censo de los Estados Unidos agrupaba en la categoría Asiático a más de 50 países, incluidos, entre otros, nativos de Polinesia, camboyanos, chinos, japoneses, laosianos, miao, y vietnamitas. Si todos los «asiáticos» se parecen, entonces está claro que sienten y piensan igual (ambos estereotipos erróneos). Mientras que las estadísticas muestran que algunos grupos de asiático-americanos se encuentran por encima de la población general en consecución de títulos universitarios, trabajos especializados y salario medio, otros muchos de los etiquetados como «asiáticos» no lo están.

En realidad, algunos estudiantes asiáticos no tienen buen rendimiento escolar, dejan de ir a clase, se unen a bandas o se comportan de maneras no asociadas con una minoría modelo.[17]

No solo es erróneo agrupar a los miembros de países tan diversos en una única nacionalidad (asiático), sino que los miembros de grupos raciales, étnicos o nacionales concretos también forman parte de distintos grupos socioeconómicos, de género, deportivos, etc. Prejuzgar y etiquetar según las claves destacadas (ya sea el color de piel, las características faciales, el acento, la vestimenta, la inteligencia, la religión o el grupo social) ralentiza nuestros intentos de comunicación pacífica. Reconocer que estas claves destacadas no dan datos precisos y comenzar con la suposición de que todo el mundo es más complejo de lo que parece hace que la interacción pacífica avance.

Gail Nemetz Robinson, Ph.D.

«Si pudiéramos vernos como los demás nos ven».

Este famoso verso del poema de 1786 de Robert Burns describió a una mujer pretenciosa con vestido dándose ínfulas en la iglesia, mientras un piojo recorre su tocado. Por desgracia, vernos a nosotros mismos es un don que no poseemos. Somos como el emperador en el cuento de hadas de Hans Christian Andersen, *El traje nuevo del emperador*. Cegado por su arrogancia, el emperador encarga un traje que resulta ser invisible para los súbditos inferiores a él. Cuando sale a la calle, no es consciente de que va desnudo hasta que un niño exclama: «¡Pero si va desnudo!». El emperador no es capaz de verse a sí mismo. Este problema de percepción conduce a lo que los psicólogos llaman sesgo de correspondencia o sesgo de actor-observador. Nos inventamos excusas para justificar nuestro comportamiento y, sin embargo, culpamos a los demás por el suyo porque podemos verles y no a nosotros mismos. También nos perdonamos con más facilidad porque conocemos nuestro trasfondo.

Observe un partido de tenis entre principiantes. Cuando uno de los jugadores falla, es probable que grite a su oponente: «Buen golpe». Esto atribuye, a menudo falsamente,

> Crear estereotipos es un fenómeno natural

el punto a la destreza del otro en lugar de a un fallo por nuestra parte. Mientras que una colocación excelente puede vencer al contrario en el caso de Serena Williams u otros jugadores profesionales con un increíble control de la pelota, los jugadores principiantes e intermedios cometen más errores a causa de su nivel de juego de los que reconocen.

Ya sea en la cancha, en el colegio, en la oficina o durante una conversación que acaba de mala manera, culpamos a los otros y nos perdonamos con rapidez porque conocemos el contexto: estamos estresados en el trabajo, hay tráfico, dormimos poco, no hemos comido en todo el día, tuvimos que ceder a presiones de nuestra pareja, tenemos problemas de dinero, no teníamos toda la información, etc. Por desgracia, nuestra respuesta automática no es descubrir el contexto del comportamiento que no nos gusta de la otra persona. En lugar de ello, culpamos a las personas, eventos u cosas que destacan. Nos equivocamos al atribuir la causa al problema. En

El secreto de Thomas Crowne, cuando suena la alarma al descubrir la obra robada, el ladrón simplemente sale del edificio caminando entre la multitud, maletín en mano, con el cuadro. Así que la próxima vez que robe un banco: «No corra, camine». Lapsus momentáneos aparte, se dispararía a menos niños inocentes si simplemente se quedaran quietos y levantaran las manos cuando la policía lo pidiera, en lugar de meterse la mano en el bolsillo o salir corriendo. Correr o huir en coche hace que la persona parezca culpable, aunque solo esté asustada. Los colegios ganarían mucho con una sencilla campaña: «Detente, o al menos camina. No corras».

Si juntamos todos estos obstáculos psicológicos, tendremos todos los ingredientes necesarios para realizar juicios negativos, estereotipar y culpar a los demás.

QUITAR LOS OBSTÁCULOS

Una inferencia fácil de estos obstáculos es seguir el consejo: *«Allá donde fueres, haz lo que vieres»*. En otras palabras: «No seas la clave destacada». En un debate potencialmente polémico, si sobra en un grupo, si es el que habla más alto, con acento, con más frecuencia, el que tiene un estilo de vestir individualista, suavice todo lo que pueda.

Minimice las diferencias como punto de partida.

Vigile su participación en el grupo. Ser un *camaleón cultural* en público tiene grandes ventajas en las interacciones. Sin embargo, la implicación es más controvertida de lo que parece. Quiere decir que, temporalmente, en nombre de la unión y la paz, deje los símbolos divisivos en casa, ya sea una cruz, una estrella, un turbante, un hiyab o un pañuelo.[18] Esta implicación es particularmente difícil de asimilar en una cultura como la de EE. UU., que no solo valora la individualidad, sino que está construida sobre los pilares de la libertad de expresión en medio de la diversidad. También quiere decir que nos convertimos en expertos en maneras de hablar (estilo directo e indirecto) y otras características de las que hablaremos más en el capítulo 6. Con el fin concreto de comunicarnos pacíficamente, el esfuerzo por encajar, aunque solo sea en el exterior, nos dará grandes beneficios, como cuando nos vestimos para la ocasión al ir a una entrevista de trabajo. Si su jefe lleva traje, llévelo usted también. Si su entrevista es en Zappos o Facebook, quizá sea mejor ir más informal.

Las similitudes unen a la gente... Las diferencias dividen.

Desde una perspectiva psicológica, los mismos símbolos que le unen a sus compañeros de cultura, mantienen tradiciones y se veneran en privado, pueden ser claves destacadas en situaciones públicas. No solo será la persona que destaca y que se percibe negativamente, sino que será el culpable y el chivo expiatorio cuando algo vaya mal. (Por supuesto, si la mayoría del grupo refleja una diversidad lingüística y física, estará en un campo de juego más equitativo y correrá menos riesgo de ser acusado en falso).

Traiga el contexto de trasfondo al frente.

Una de las estrategias más importantes para debilitar y eliminar el sesgo de correspondencia es traer el contexto de trasfondo al frente. Por ejemplo, estudiantes universitarios en Madrid (España) comentaban con frecuencia que los españoles son maleducados porque siempre se chocaban contra ellos en las aceras y ni siquiera pedían perdón. El hecho de que se chocara contra ellos destacaba enormemente. Y por supuesto los estudiantes estadounidenses pensaban que la culpa era de los españoles. Más adelante, centrando la atención específicamente en el contexto de trasfondo, estos estudiantes observaron que más gente camina en Madrid que en San Diego. Las aceras son estrechas. En hora punta, chocarse con los demás en una acera abarrotada es bastante común, por lo que, en la mente de un español, es una consecuencia natural que incluso pasa desapercibida. Habría que pedir perdón a cada segundo (al igual que pasa al intentar subir a un tren japonés en hora punta en Tokio).

En otro ejemplo de EE. UU., una estudiante estaba preocupada porque últimamente sus amigos no hablaban con ella ni quedaban para salir. En su cabeza pensaba: «¿Por qué me ignoran mis amigos? ¿Estarán enfadados?». Pero al tener en cuenta el contexto de trasfondo, se sintió mejor al pensar: «Deben estar ocupados con los estudios y el trabajo porque no hemos quedado mucho últimamente».

En términos psicológicos, este tipo de comprensión, reestructuración benévola, permite a la parte preocupada reinterpretar la situación o las acciones de la otra persona de una forma menos amenazadora.

Desarrolle la empatía mediante analogía: «Yo también soy así».

Mientras que «comprender» ayuda a reducir el sesgo de correspondencia, no deja de ser un remedio parcial. La información sobre los demás nos hace avanzar solo hasta cierto punto y no modifica nuestra perspectiva necesariamente. La estrategia de desarrollar la empatía mediante analogía ayuda al relacionar esta experiencia a un acontecimiento similar en el entorno del aprendiz.

Por ejemplo, se preguntó a los estudiantes de la Universidad Estatal de San Diego que hicieron los comentarios sobre la mala educación de los españoles: «¿Alguna vez has sido maleducado cuando estás en público en San Diego?». Los estudiantes comentaron: «Sí, cuando vamos en coche. Aceleramos y no dejamos entrar a los demás». En ese momento, su juicio sobre los españoles empezó a remitir. Ya no eran tan maleducados desde el punto de vista de los estudiantes estadounidenses.

Dos es compañía, tres es multitud.

Las conversaciones a tres tienen dificultades potenciales para ser pacíficas. Incluso los interlocutores con las mejores intenciones caen en la trampa de excluir automáticamente a una de las partes en las conversaciones sociales. Es natural mirar al oyente esperado. Si el hablante está sentado entre dos oyentes, se girará automáticamente hacia un lado u otro, mirando solo a una persona. El oyente concreto responderá, dirigirá la mirada y responderá a quien acaba de hablar. Así da comienzo al vaivén de la conversación entre dos personas, con la exclusión natural de la tercera. Esta exclusión automática se vuelve más fuerte con cada interacción. Hay estudios que demuestran que cuanto menos se habla a una persona, menos esfuerzos hará esta por interaccionar. Este error de comunicación automática se soluciona fácilmente con una conciencia agudizada y práctica que al principio puede parecer rara. Cada hablante hace contacto visual con ambos oyentes, dirige los comentarios a ambos, y gira la cabeza de lado a lado conscientemente. Cuando sea posible, es más eficaz que el hablante más influyente o dominante de la conversación se siente en un extremo (en lugar de en el centro), para reducir al mínimo los giros de cabeza. Se aplica el mismo principio a la persona más conocida de un trío cuando se presenta a una persona nueva. Cuando la situación requiere que dos personas se sienten en uno de los lados de la mesa, es mejor si el hablante principal se sienta frente a los otros dos. Sin embargo, no existe sustituto para el esfuerzo consciente de cada uno de los participantes por incluir a los demás, verbal y no verbalmente.

Hombre avisado, no siempre medio salvado.

Todos hemos oído: «Lo que no te mata, te hace más fuerte». En verdad, la adversidad no siempre nos hace más fuertes, incluso si no nos mata. (Solo hay que ver a los veteranos de guerra que vuelven con trastorno de estrés postraumático, o las secuelas emocionales a largo plazo de un niño del que se ha abusado).

El factor decisivo es si hemos adquirido las habilidades para sobrevenir a nuestros miedos y si hemos obtenido suficientes competencias para continuar con un diálogo pacífico. Sin estas capacidades, hemos aprendido indefensión (término acuñado por el psicólogo Seligman). El experimento fundamental implicó aplicar descargas eléctricas aleatorias a unos perros mientras se encontraban atados. Como puede imaginar, los pobres perros se volvieron un manojo de nervios. Más tarde, los investigadores intentaron enseñar a esos mismos perros a saltar una valla para evitar la descarga. Dos tercios de los perros fueron incapaces de aprender esta nueva capacidad. Habían aprendido la indefensión. Sin embargo, otro grupo de perros que no había sido sometido a descargas aprendió a saltar la valla rápidamente para evitar estas descargas.

Se realizó un estudio similar con ratas. Un grupo recibió descargas aleatorias y el estrés aumentó. Un segundo grupo escuchaba una campana, seguido de una descarga. Básicamente, podían predecir la descarga. El grupo mostró niveles de estrés similares. También estas ratas reflejaban indefensión aprendida. Sabían que iba a ocurrir algo malo, pero no tenían manera de combatirlo: podían predecir la descarga, pero no controlarla. Un tercer grupo de ratas tenía una palanca en la jaula. Si la pulsaban, podían evitar la descarga. Tras la campana, aprendieron con rapidez a pulsar la palanca. Claramente, estas ratas tenían unos niveles de estrés menores porque tenían una nueva habilidad que combatía la amenaza: pulsar la palanca y evitar la descarga. Los experimentos con sujetos humanos han confirmado un principio similar de indefensión aprendida.[19]

Sin técnicas para gestionar los problemas cotidianos, si solo advertimos a los demás de que tengan cuidado porque puede ocurrir algo negativo (por ejemplo, le pueden robar en el extranjero, su jefe le puede despedir si pide un aumento, una persona hostil con la que no está de acuerdo puede difundir rumores sobre usted, o puede asistir a una cena en la que se le excluya de la conversación), podemos generar más indefensión que comunicación pacífica. El desarrollo de nuevas habilidades es más productivo.

Acentúe lo positivo.

Los obstáculos psicológicos que nos provocan resaltar lo negativo pueden mejorarse si acentuamos lo positivo de forma intencionada. Para resumir estrategias útiles, asegúrese de incluir a todos los interlocutores en la conversación. Practique nuevas habilidades interaccionando en tríos.

Intente evitar la exclusión natural. Incluya a todos mediante contacto visual, movimientos de cabeza, y preguntas o comentarios a todos los interlocutores. Preste atención a dónde se sienta cada persona para lograr conversaciones más inclusivas.

Desde el principio, póngase en la mejor posición: comience la conversación con sensación de tranquilidad. En nuevas situaciones, esfuércese por dar una buena primera impresión, incluso si significa no ponerse su ropa preferida o no debatir su punto de vista más controvertido. Solo como punto de partida. Deje de resaltar lo negativo (nunca... siempre...) y acentúe algo positivo de un interlocutor difícil. El error matemático será el mismo, pero su comunicación será más positiva. Encuentre algo en común como primer paso. Las personas no solo tienen un lado (ángel o demonio). Reduzca la percepción de las diferencias con reestructuración benévola de las diferencias que descubra. Céntrese en el contexto de la otra persona y busque una explicación desde su punto de vista de lo que provoca que haga algo que no le gusta. Después, busque una analogía con su propia experiencia.

Cuando se asienten las bases generales para una percepción e interacción menos trabada, piense: «¿Existe un propósito específico en esta conversación?».

Capítulo 6:
Examinar y reformular

Perdidos, los recién graduados desempleados del musical *Avenue Q* cantaban: «*Encontraré mi meta*». Reconocen la necesidad de encontrar su propósito general para dirigir sus acciones futuras. Lo mismo se aplica a las conversaciones pacíficas. En cualquier conversación, es útil pensar en la finalidad para que diálogo y objetivos no difieran. El objetivo muestra las estrategias conversacionales más eficaces.

> ¿Solo está hablando e intercambiando opiniones? ¿Se está desahogando? ¿Quiere criticar a alguien para que cambie un comportamiento concreto?

No todas las terapias de pareja acaban en reconciliación. A veces la finalidad de la comunicación es descubrir cómo reparar una relación. Otras veces es para evitar órdenes de alejamiento. No importa la situación concreta, el objetivo común de la comunicación pacífica es herir menos los sentimientos de los demás y minimizar potenciales conflictos.

Este objetivo puede ser todo un reto para aquellas personas cuyo cerebro requiere conflictos para recibir los estímulos necesarios, como ocurre con algunas personas con TDAH.[20] Este reto hace que sea aún más importante mantener presente su objetivo.

RECONOCER LAS DIFERENCIAS DE DIÁLOGO

En la mayoría de las conversaciones, reconocer y sentirse cómodo con el estilo de comunicación de nuestro interlocutor ayuda a reducir la impaciencia y los sentimientos negativos. Los estilos varían en franqueza, en los factores que contribuyen a cómo decimos las cosas, y en lenguaje corporal. En nuestra sociedad, no tenemos que cambiar de país para ser testigos de diferencias culturales en los estilos de diálogo.

¿Estilo directo o indirecto?

Las diferencias de estilo directo e indirecto suelen malinterpretarse. Muchos interlocutores directos hacen una pregunta y se sienten molestos cuando la respuesta proporciona más información de la necesaria. Por ejemplo:

> **Pregunta directa:** *¿Qué hora es?*
> **Respuesta indirecta:** Desgraciadamente, mi teléfono no funciona bien. Tendré que repararlo dentro de poco. A lo mejor son las 16:15, más o menos. Pregunte a alguien más por si acaso.

En conversación, los hablantes directos prefieren un estilo claro y conciso. (El tiempo es oro, ¿no?). Estos hablantes no piensan: «Me está dando más información de la necesaria». En lugar de eso, ven al interlocutor de forma negativa y piensan: «Deja de dar rodeos» o «Ve al grano».

Por otro lado, los hablantes con un estilo más indirecto suelen ver a los interlocutores directos como bruscos: «¿Por qué son tan escuetos?». No están acostumbrados al estilo directo que va al grano y luego añade comentarios adicionales. Por ejemplo:

> **Pregunta indirecta**: *Perdone. Quiero montar en el siguiente autobús al centro, pero no tengo reloj ni teléfono. ¿Le importa darme la hora?*
> **Respuesta directa**: Son las 16:15. Pero pregunte a alguien más por si acaso.

Con la intención de expresar una respuesta negativa a una solicitud o invitación, los interlocutores directos están acostumbrados a empezar con: «No, gracias», «No puedo» o «Lo siento». Por otro lado, los interlocutores indirectos pocas veces empiezan con un «no». Suelen retrasar la negación hasta la segunda o tercera frase, dando largas al hablante de manera sutil.

Estas diferencias pocas veces se perciben de forma objetiva. He aquí algunos ejemplos observados en estudiantes de máster en programas de formación de profesorado en la Universidad de California, Berkeley y la Universidad de Santa Clara, California. Una estudiante, profesora, observó su propio enfado durante conversaciones telefónicas que, en su opinión, eran innecesariamente largas. Llamó a la casa de un estudiante para informar de un mal comportamiento:

> *Quería describir el problema y encontrar apoyo y que los padres se comprometieran a resolver el problema. Muchas veces, se me alargan las conversaciones telefónicas. Los padres mexicanos se entretienen dándome las gracias y prometiendo ayudar. Pero en realidad lo único que quiero es dar la información, que me den las gracias, y colgar.*

En otro caso, una profesora llamó a la casa de un estudiante para mencionar que llegaba tarde a clase continuamente:

La madre explicó la situación familiar y los horarios de trabajo del niño. Al final, reconoció el problema y dijo que se encargaría de solucionarlo. Pero a esas alturas la profesora estaba impaciente y cansada de las excusas. [21]

Para adaptarse mejor a los distintos estilos de discurso, participantes del taller de todo el mundo practicaron ser directos e indirectos mediante sencillos ejercicios en parejas. El interlocutor A realiza una invitación *directa*. El interlocutor B debe responder de manera *indirecta*, sin aceptar ni rechazar la invitación hasta, por lo menos, la tercera oración. Este ejercicio es exagerado, pero sirve para recordar el principio. Por ejemplo:

> **Interlocutor A (directo):** ¿Quieres ir al cine este viernes por la noche?
> **Interlocutor B (indirecto):** *Gracias por pensar en mí. Me encanta el cine, sobre todo las películas de acción. Lo que pasa es que el viernes ya tengo planes. Otro día.*

Tras cambiar de papel en el mismo ejercicio, los participantes practican lo mismo, pero al revés: la: invitación es *indirecta* y la respuesta es *directa*:

> **Interlocutor A (indirecto):** *Me gusta ver que el personal aprovecha la sala de juegos durante los descansos y me alegra que se conozcan mejor. Creo que a veces sus descansos se alargan demasiado sin querer. ¿Pueden vigilar sus tiempos de descanso un poco más?*
> **Interlocutor B (directo):** Claro. Tendremos más cuidado a partir de ahora.

Pausas e interrupciones

Pequeñas diferencias en las pausas también provocan problemas en la comunicación pacífica. ¿Qué pausa es adecuada para indicar la conclusión de un pensamiento antes de que el otro interlocutor participe? ¿Es apropiado superponernos en el diálogo de nuestro interlocutor antes de que acabe? Mientras que la superposición de diálogos es aceptable en algunos estilos culturales, otros lo consideran una interrupción irrespetuosa y pueden pensar:

«No haces más que interrumpir». Escuché una conversación social entre un abogado y una profesora en un restaurante. El hombre hizo una pregunta. Mientras contestaba, la profesora hizo una pausa breve. Pensando que había terminado, él prosiguió con otra pregunta. Sin embargo, ella añadió algo más a su respuesta anterior. El hombre, sintiéndose irritado e ignorado, espetó: «No has respondido a mi pregunta». Ella contestó: «Iba a hacerlo, pero no había terminado de contestar a la pregunta anterior». Nuestros estilos discursivos se ven influenciados por nuestra experiencia en diversos grupos culturales. Los abogados están acostumbrados a hacer preguntas, una tras otra, al igual que los profesores están acostumbrados a dar respuestas extensas. Sin quererlo, las diferencias en las pausas pueden afectar incluso a las interacciones mejor intencionadas.

Cómo pesa más que *qué*.

Otro problema en una conversación general puede provenir de cómo decimos las cosas: tono, volumen, velocidad y énfasis en palabras concretas. Esas diferencias en el discurso paralingüístico suelen provocar interpretaciones incorrectas, al igual que ocurrió para los profesores a continuación.

> *Cuando hablaba con la profesora filipina de la clase de al lado, solía sentir que la lentitud de su discurso implicaba su incompetencia o lo nueva que era como profesora. Su discurso es lento, y utiliza muchas preguntas y respuestas que implican incertidumbre. Gracias a esta clase, me he dado cuenta de que estaba haciendo una interpretación incorrecta a causa de las diferencias discursivas. En realidad, está siendo modesta.*

¿Qué es *demasiado alto*?

Para añadir más complejidad, el volumen que consideramos gritar varía de cultura en cultura. Imagine un empresario estadounidense en una reunión en Japón, o un estudiante de intercambio de Inglaterra viviendo en Italia, o viceversa. Mientras que una de las partes se puede sentir ofendida por la reprimenda, la otra parte puede no comprender por qué su interlocutor está siendo tan callado. Las mismas variaciones ocurren con las demás características paralingüísticas.

Gail Nemetz Robinson, Ph.D.

LENGUAJE CORPORAL Y El ESPACIO

Las diferencias de lenguaje corporal y uso del espacio provocan malentendidos similares. Para ilustrar lo que significa *estar demasiado cerca*, se dice que un empresario estadounidense estaba en Brasil de espaldas a la barandilla del balcón. Cada vez que su interlocutor brasileño se acercaba a él para hablar, el empresario daba un paso atrás: ¡hasta que se cayó del balcón! Otra expresión influida por la cultura es *mírame cuando te hablo*. En EE. UU., mirar a alguien a los ojos suele ser una señal de respeto y confianza. Sin embargo, en muchas otras culturas, *mirar hacia abajo* indica respeto y humildad. Incluso dónde se sienta la gente se puede malinterpretar. El Rey Arturo expresaba igualdad con la forma de sentarse (los Caballeros de la Mesa Redonda), mientras que otros respetan la jerarquía social sentando a la persona más importante *a la cabeza*. Incluso en mi banquete de boda en Japón, se me explicó que tenía que sentar a un ejecutivo de SONY (al que apenas conocía) en la mesa principal, en lugar de a mi dama de honor.

Las investigaciones han confirmado que cuando hay un conflicto entre mensaje verbal, paralingüístico y no verbal, el oyente juzga basándose en las claves paralingüísticas y no verbales. Las claves paralingüísticas son aquellas acompañantes del discurso, como el volumen, la velocidad, el énfasis y la entonación. Imagine que considera que alguien está gritando mientras dice: «No estoy enfadado». ¿Cuál es su conclusión? O si alguien responde «Sí», mientras niega con la cabeza (no verbal). *Cómo* decimos las cosas tiene más peso que lo que decimos.

Mientras escribía este capítulo, en una conocida cafetería estadounidense, dejé la bolsa del portátil colgada de la silla en la mesa de al lado. Una señora mayor se acercó a la mesa, me miró y preguntó con un tono y una postura que, en inglés de EE. UU. estándar, se puede interpretar como seria e incluso molesta: «¿Es esta su bolsa?». Su marido me miró, sonrió, y dijo: «Lo siento. ¡No pega con mi camisa!». Sin tener en cuenta los distintos estilos discursivos, ¿quién pareció ser un comunicador más pacífico?

Adaptarse a los distintos estilos de discurso conlleva práctica, pero ayuda incluso tener una conciencia agudizada.

Gail Nemetz Robinson, Ph.D.

COMENZAR LA CONVERSACIÓN

Cuando haya practicado los diversos estilos, sea buen oyente, esté preparado para validar y facilitar los obstáculos psicológicos provocados por claves destacadas y exclusión natural, es momento de examinar sus palabras para saber si coinciden y apoyan sus objetivos.

Con esto en mente, se establecen las bases de una comunicación pacífica si su objetivo es tener una conversación general. También se aplica si el interlocutor se quiere desahogar y no tiene que ver con usted. En ese caso, seguramente estén buscando apoyo emocional por medio de validación o un hombro en el que llorar. Sin embargo, si usted quiere desahogarse y lo que expresa afecta al interlocutor, se utilizan estrategias muy diferentes.

Criticar a los demás es un sendero peligroso. ¿Cuál es su objetivo? ¿Lo dice para sentirse mejor o porque quiere arreglar la relación? Comunicarse de forma pacífica cuando se critica conlleva mucha destreza y cuidado, al igual que realizar el examen de conducir con el examinador juzgándonos. Si el interlocutor está a la defensiva, puede haber un enfrentamiento. Dada la tendencia humana a mantener nuestra perspectiva incluso en situaciones buenas, recibir críticas y cambiar nuestra perspectiva es más difícil si cabe cuando uno se siente atacado. Si lo que le molesta acaba de ocurrir y quiere hablar de ello, puede que sea mejor que se calme en el gimnasio o haciendo ejercicio físico, o mediante las técnicas de relajación del capítulo 2, a menos que pueda hablar con su psicólogo o un amigo que no esté implicado. Implicarse cuando los sentimientos están alterados puede provocar más enemistad que reparación del problema. Una vez dicho algo hiriente no se puede retirar. Ayuda volver a un estado de calma y recuperar la perspectiva.

La regla de oro: ventajas y desventajas

Para aquellos con buena intención, la regla de oro *trata a los demás como querrías que te trataran a ti* parece ser un buen principio para cualquier interacción. La regla es un buen recordatorio para empatizar con nuestro interlocutor y evitar un doble rasero, es decir, uno para usted y otro menos generoso para su interlocutor. Sin embargo, esta norma tiene el peligro de proyectar sobre los demás, a veces de forma inapropiada (solo hay que ver las colas de devoluciones después de Reyes). Incluso en las circunstancias más bienintencionadas, es posible que los demás no compartan nuestra sensibilidad. Los que esperan el resultado de la regla pueden quedar decepcionados. La reciprocidad se basa en la expectativa de similitud, que no siempre es el caso.

Unas estrategias sencillas orientadas a sus objetivos comunicativos concretos pueden dar mejores resultados.

Reformular al criticar a los demás

Para aquellos que eligen la calma, se aplican los modismos *morderse la lengua* o *perdonar y olvidarse del tema* en lugar de largar una lista de críticas no solicitadas y sin planificar. En realidad, ninguna de las dos es una solución viable.

Morderse la lengua duele, física y metafóricamente. El estrés no resuelto debilita la respuesta inmunológica natural del cuerpo a través de la secreción de hormonas dañinas al cuerpo. Puede contribuir a la ingesta deliberada de sustancias dañinas para aliviar el estrés.

¿Perdonar y olvidarse?

Perdonar y olvidarse del tema puede parecer una estrategia útil, pero en realidad nos lleva a fracasar. Perdonar es un acto consciente que realizamos por nuestro libre albedrío. Pero, olvidar no es tan fácil. Depende de cómo se almacene el recuerdo y cómo lo categorice nuestro cerebro, y el número de conexiones realizadas. Un recuerdo puede activarse automáticamente a causa de un evento similar, pero también puede estar asociado al olfato, vista, oído o tacto. Por ejemplo, usted va paseando con su pareja y pasan por delante de una pastelería. Le llega el olor a *croissant* recién hecho. De pronto, la nostalgia le transporta a su luna de miel en París con su primer marido, que falleció hace más de veinte años. Las memorias negativas son iguales. Sin querer sacar a la luz sufrimiento pasado, si la acción o las palabras de su amigo, socio, compañero de piso o pareja activan un acontecimiento similar al que ocurrió en el pasado, todos los eventos similares de esa categoría se recuperarán o, al menos, estarán disponibles. Nuestros cerebros son eficaces bibliotecas, con capacidad de almacenamiento infinita y recuperación instantánea, y sin ningún esfuerzo consciente y deliberado por nuestra parte. De hecho, se requiere un esfuerzo consciente para enterrar el hacha de guerra deliberada e inmediatamente.

Consideremos la queja:

> *Siempre que hago algo mal, me echas en cara los demás errores del pasado. ¿Por qué no te puedes centrar en el presente?*

Esta recuperación automática crea una dificultad de centrarse en el problema actual.

Estrategias productivas para criticar a los demás

Una estrategia productiva es equilibrar la memoria negativa con algo positivo (algo que sí nos gusta de la persona), o sustituirla por una imagen positiva externa. Las distracciones no solo son útiles para calmar la rabieta de un niño, sino también para calmar las rabietas de nuestra mente.

Elegir el momento oportuno también es fundamental si el objetivo es criticar a otra persona para requerir un cambio de comportamiento o para reparar una relación. Imagine que está en una boda. Recientemente uno de los novios ha perdido a un familiar cercano. Se acerca a felicitarles por la unión. Cuando está frente a ellos, sonríe y dice: «Mi más sincero pésame». Mejor escoger otro momento, ¿no? Distintos mensajes se pueden comunicar de diferentes maneras, dependiendo del momento elegido. ¿Está criticando a alguien con los sentimientos a flor de piel, o tras dejar un periodo para calmarse y tomar perspectiva? Incluso si el tiempo no cura completamente la herida, reduce el dolor potencial para ambas partes.

Al criticar para modificar las acciones de otra persona, debe tener cuidado de cómo dice las cosas. A veces, ser breve puede entrar en conflicto con su objetivo. Una palabra puede provocar una crisis involuntaria. Las ventajas de elegir las palabras con cuidado pueden pesar más que el tiempo adicional utilizado. No significa quedárselo dentro o evitar el problema, sino elegir el enfoque más adecuado para lograr los resultados deseados haciendo el mínimo daño posible. Tres sencillos pasos pueden ser milagrosos. En lugar de culpar, conviértalo en su problema. Después, pida con educación consejo a la otra persona para resolver el problema. Por último, muestre su aprecio.

Estudiantes en la Universidad Estatal de San Diego practican la reformulación de sus críticas a otros y suavizan el problema haciéndolo suyo propio, en lugar de culpar a la otra parte. A continuación, piden educadamente que se realice una acción y muestran aprecio, en lugar de enfado y desagrado. Por ejemplo, el objetivo de una persona era que su compañero de piso bajara el volumen de la música. Comparemos:

> *Siempre tienes la música demasiado alta mientras estudio. ¡Bájala!*
> Frente a:
> No sé por qué, pero me cuesta estudiar con música. Creo que me distrae. Tengo un examen mañana, ¿podrías bajar la música un poco? Muchas gracias.

Aquí hay otros problemas mencionados, y su formulación antes y después del ejercicio:

Problema. *Mi marido lava los platos genial, pero no los friega a menudo. Los dejaría en la pila durante días si yo no los fregara.*

Antes: ¿Por qué dejas siempre los platos en la pila? Luego me toca fregarlos a las diez cuando llego y estoy cansada.

Reformulación: Siento que no tengo horas en el día para fregar los platos como me gustaría. Sería genial si pudieras echarme un cable y fregarlos antes de que yo llegue a casa. Así, me puedo centrar en ti.

Problema. *Mi amigo llega tarde.*

Antes: Siempre llegas tarde a recogerme.

Reformulación: Me da ansiedad cuando llego tarde a los sitios. ¿Crees que podrías salir 10 minutos antes cuando vengas a buscarme?

Problema. *Mi compañera de piso no sabe organizar sus trastos y tener la cocina limpia.*

Antes: Eres un desastre y no sabes limpiar. ¡Tienes que cambiarlo!

Reformulación: Soy un poco tiquismiquis con el orden. ¿Te importaría mantener todo un poco más limpio y ordenado en la cocina? Yo también haré un esfuerzo por ser flexible.

He aquí otra conversación entre compañeros de piso. Esta vez, desde el punto de vista del receptor de la crítica, prestando atención a la reformulación combinada con las estrategias de escucha interactiva del capítulo 4.

Has mencionado que no te gusta como tengo mi habitación. ¿Puedes ponerme un ejemplo?

Tienes la ropa por el suelo.

¿Por qué crees que te molesta?

Me pongo nervioso con el desorden. No sé por qué, pero no puedo hacer nada hasta que mi escritorio y la zona de alrededor están limpios.

Lo siento, no sabía que mi desorden te ponía tan nervioso. Intentaré esforzarme más.

Gracias.

Estas estrategias se pueden usar en la mayoría de las situaciones, ya sea en el trabajo, con la familia o en situaciones sociales. Incluso con las estrategias anteriores, no espere cambios de un día para otro y permanentes.

Cambiar el comportamiento de la otra persona es difícil en cualquier circunstancia. Incluso cambiar el comportamiento propio es complicado.

Uno de los psicólogos más importantes del siglo XX en el área de modificación del comportamiento, Albert Bandura, mostró que el cambio tiene lugar en pasos incrementales a lo largo del tiempo (un enfoque al que llamaba *teoría del aprendizaje social*). El cambio se practica o se entrena; en primer lugar, mediante la observación de un compañero, con el que el aprendiz se identifica, un modelo a seguir que haya logrado el cambio de comportamiento; en segundo lugar, se dan pequeños pasos que nos acercan al objetivo en sí. (¿Alguna vez se ha preguntado por qué los adolescentes se ven más influidos por las acciones de sus compañeros que las suyas?).

En la comedia *¿Qué pasa con Bob?*, el paciente (Bill Murray) tiene miedo a salir a la calle y de probar cosas nuevas, incluso tiene problemas para llegar a la puerta de la consulta cuando se tiene que marchar. El psicólogo (Richard Dreyfuss) le recomienda tomárselo pasito a paso, como los niños pequeños. Cuando el paciente no logra localizar al psicólogo durante el fin de semana, consigue tomar el autobús y llegar a la casa donde veranea el psicólogo sin haber sido invitado. Al llegar a la puerta, para la sorpresa e irritación del psicólogo, Bob anuncia orgulloso: «¡Estoy dando pasitos!».

Esta historia cómica sirve para recordar que es importante celebrar los pequeños cambios positivos que van ocurriendo.

No reformular las palabras de los demás: *«No ponga palabras en la boca de otra persona»*

Es importante mencionar que reformular se aplica al discurso de uno mismo, no al de los demás. Los estudiantes de intercambio suelen decir que se sienten mal cuando un nativo los corrige al intentar hablar un nuevo idioma. Sienten vergüenza o se enfadan, y afecta a su autoestima. Todas estas reacciones evitan una comunicación pacífica, e incluso el deseo de comunicarse en general. La reformulación o corrección del discurso de la otra persona, cuando no se ha solicitado, también limita la comunicación calmada entre hablantes nativos del mismo idioma. Como adultos, a veces lo olvidamos e intentamos reformular las palabras de los demás o poner palabras en su boca.

Reformular los pensamientos negativos de uno mismo

Los cómicos se dedican a entretener al público contando los pensamientos negativos que tienen sobre sí mismos. Por ejemplo, en su discurso de aceptación de un premio Glamour Magazine Award en 2015, Amy Schumer hace que el público se ría con su humor humilde sobre su propia imagen corporal. Después de que una supermodelo la hubiera presentado, comienza a hablar de sí misma con términos peyorativos: «Las feíllas… nos han encontrado».

Los comentarios negativos hacia uno mismo se perciben de forma menos positiva en interacciones sociales. Si usted es negativo consigo mismo, lo más seguro es que lo proyecte sobre los demás. Los seguidores del programa de televisión *Saturday Night Live* recordarán el papel recurrente de Debbie Downer, que hablaba de forma negativa sobre sí misma y todas las situaciones a su alrededor, con lo que obstruía la comunicación pacífica en el grupo.

Dar la vuelta

Una estrategia sencilla para los pensamientos negativos es darles la vuelta. Tome el comentario negativo y encuentre el lado positivo. Al igual que la electricidad, que se crea mediante corrientes opuestas (positiva y negativa), esto también ocurre con la mayoría de las personas y situaciones. Un participante de un taller describió las ventajas de este enfoque:

> *He sido muy duro conmigo mismo por tener demasiadas cosas que hacer y el sentimiento negativo constante de que no llego a terminar todas las tareas. Normalmente, me sentiría frustrado e incompetente, pero ahora tengo una nueva perspectiva gracias a este taller. Ahora me felicito a mí mismo por trabajar*

Conversaciones Pacíficas

más de 40 horas a la semana, ser estudiante a tiempo completo, conciliar vida social y familiar, y por lograr hacer todo ello.

He aquí más respuestas de los participantes, antes y después de reformular:

Antes: *Trabajo demasiado y no saco tiempo para nada más.*
Reformulación: Estoy dedicado a mi trabajo, y también me esforzaré por hacer otras cosas de vez en cuando.

Antes: *Soy vago. Duermo mucho y pierdo el tiempo.*
Reformulación: Duermo más, que en general es bueno para la salud, y creo que me organizaré el día un poco mejor para hacer más cosas.

Antes: *Soy vago.*
Reformulación: Sé cómo relajarme y no estresarme.

Antes: *Qué pena que no sepa dibujar.*

> **Reformulación:** Quizá dibujar no sea mi pasión, tendré que seguir buscando.

> **Antes:** *Soy idiota. No me puedo creer que me haya olvidado de comprar leche.*
> **Reformulación:** Soy un estudiante maravilloso y me centro en las clases. Quizá debería prestar más atención al mundo exterior de vez en cuando.

Modificar los pensamientos negativos no solo nos ayuda a sentirnos mejor, sino que también ayuda en la comunicación a nuestro alrededor. Sin embargo, hay algunos que prefieren seguir hundiéndose en la miseria. Al fin y al cabo, depende de su objetivo.

Conflicto e incompatibilidad de expectativas

La incompatibilidad de expectativas es el núcleo de muchos errores de comunicación. Aparece el conflicto debido a las incompatibilidades de los interlocutores en diversos aspectos. Se nos suele decir: «No tengas expectativas». Esto requeriría una lobotomía. Nuestro cerebro funciona con categorizaciones y expectativas. Sin expectativas, habría grandes accidentes de tráfico en las intersecciones. La comunicación calmada sugiere que tengamos en cuenta las expectativas de nuestro interlocutor, así como las suyas propias, antes de culpar a la otra parte por no estar de acuerdo.

Es más probable que encontremos un solapamiento de percepción y que evitemos el conflicto cuando diversificamos las expectativas del diálogo de nuestro interlocutor. Podemos eliminar lo dañino de nuestras críticas a los demás cuando nos centramos en nuestro objetivo y reformulamos conscientemente nuestro propio diálogo, cuidándonos de no modificar las palabras de nuestro interlocutor.

Gail Nemetz Robinson, Ph.D.

Capítulo 7:
¿Rendirse o seguir?

Conversaciones Pacíficas

*Estoy más que harto, y no quiero
seguir soportándolo.*

Las palabras del presentador de noticias de la película *Un mundo implacable* de 1976 siguen sonando en la mente de muchos simpatizantes hartos. Aunque el personaje de Peter Finch estaba muy estresado, a veces incluso las personas más pacíficas llegan a su límite. Ha examinado sus objetivos y su diálogo, está en un estado de paz, ha abordado el tema con calma, y tiene cuidado de reformular para no ofender. Pero, aun así, su interlocutor no da su brazo a torcer, y no hace ningún esfuerzo por llegar a un acuerdo. Incluso la reestructuración benévola y comprender la situación de la otra persona no consiguen que la comunicación sea agradable.

Por ejemplo, esta conversación entre dos desconocidos en una cafetería. Uno de ellos está callado, bebiendo café, leyendo, mientras suena el hilo musical del local. La mujer de la mesa de al lado está reproduciendo música distinta en su teléfono. El lector le pide amablemente: «¿Le importaría bajar el sonido? Interfiere con el hilo musical». La mujer siguió con su música. De pronto se levantó y exclamó enfadada: «Lea en su casa».

Cuando una de las partes percibe que la otra no da su brazo a torcer, entra en juego la reacción lucha-huida.

La lucha es la respuesta más peligrosa y es mejor dejarla para el ring. Pocas veces es la solución más recomendable a menos que la violencia ya haya comenzado o si no puede escapar.

Dé un paso atrás.

A veces, la huida se interpreta negativamente como escapar o no enfrentarse a la situación. Sin embargo, también puede proporcionar un momento para respirar, calmarse, quitarse de en medio y olvidar la negatividad del presente, para restaurar el equilibrio. Como dice el estudiante frustrado en la película *Escuela de rock*: «Bájate». Una huida temporal son unas minivacaciones mentales. No obstante, es importante informar a nuestro interlocutor, sobre todo si es un niño, de nuestra intención de regresar, para que no se sienta abandonado y, por tanto, crezca su ansiedad. Quizá pueda decir: «Voy a darme unos minutos».

Las discusiones hostiles suelen ir a más. Alimentar la negatividad solo hace que aumente y afecte al entorno, desde plantas (ver capítulo 2) hasta personas. La energía negativa afecta a las interacciones de la misma manera que gritar. Es interesante señalar que los altares en la mayoría de las religiones, si no en todas, suelen estar separados del público general, a menudo por un armario, o a cierta distancia de los fieles. Por ejemplo, en el judaísmo, la Torá se coloca en un arca y solamente se utiliza para venerarlo y rezar. En el catolicismo, el altar está separado mediante uno o varios escalones. En el feng shui, la esencia del altar es honrar a las energías divinas, expresar gratitud, dar ofrendas y pedir bendiciones y protección. Una interpretación de estos ejemplos de separación es proteger las energías divinas de la posible contaminación de energía de personas que no deseen el bien. De igual manera, dar un paso atrás en una conversación en el momento de mayor negatividad puede ayudar a protegernos.

El Proyecto Conciencia Global de la Universidad de Princeton muestra que todos estamos conectados como raza humana, pase lo que pase. Los investigadores recopilan información constantemente de generadores físicos de números aleatorios en 70 ubicaciones de todo el mundo. Sorprendentemente, los datos que suelen ser aleatorios parecen desarrollar más estructura (y menos aleatoriedad) en momentos de grandes crisis globales, como el 11 de septiembre. Parece existir una unidad subyacente a nuestra diversidad.

> *Los sutiles pero verdaderos efectos de la conciencia son científicamente importantes, pero su poder real es más inmediato. Nos animan a realizar cambios esenciales y sanos en los grandes sistemas que dominan el mundo. La conciencia de grupo a gran escala tiene efectos en el mundo físico. Sabiéndolo, podemos trabajar de forma intencionada hacia un futuro más brillante y consciente.* [21]

La práctica consciente de enfoques positivos a interacciones no solo beneficiará su situación inmediata, sino también a aquellos a su alrededor. No obstante, cuando un enfoque positivo no funciona, lo más productivo es tomar distancia. Nadie debería tener que aguantar abusos, aunque sea verbal, directo o indirecto, de amigos, desconocidos, parejas, jefes, padres o hijos. Tomar distancia proporciona el momento necesario para que ambos interlocutores se calmen y recuperen el equilibrio. Una vez hayamos tenido tiempo para calmarnos, se puede volver a interaccionar pacíficamente.

Las estrategias de este libro no solo ayudarán a restaurar el equilibrio, sino también a reducir las tensiones antes de que lleguen a ser un conflicto. Mi madre solía decir que más moscas se atrapan con miel que con hiel. La dulzura es, sin duda, un enfoque más agradable que el resentimiento. Pero algunas personas no tienen ánimo de cambiar. Por desgracia, los ejemplos de este libro no funcionarán en todos los casos. No todos quieren participar. No solo son adversarios algunos interlocutores, sino que a menudo han recibido una educación en filosofías y prácticas diametralmente opuestas a las presentadas en este libro.

Imagine a dos vecinos en lados opuestos de una valla, gritándose desde la zona más alejada de su parcela. La situación ideal es que ambos se acercan a la valla y utilizan las estrategias de este libro. Pero si solo uno se acerca a la valla y practica una comunicación calmada, la visibilidad y audibilidad mejorarán en cierta manera.

Sin embargo, algunos adversarios son infranqueables y potencialmente peligrosos. En el peor de los casos, nuestro amante de la paz estará lo suficientemente cerca de la valla como para que le revienten la cabeza. Cuando nuestro interlocutor tiene emociones volátiles, cuando hay peligro real potencial, es momento de alejarse. Para después probar estrategias, mediante canales menos amenazadores, para resolver conflictos, que no entran en la temática de este libro.

El enfoque más productivo es detener el conflicto antes de que ocurra. Practicar la comunicación pacífica es sinónimo de un enfoque sano a las interacciones. Sin embargo, es triste, pero cierto, que las personas que más se beneficiarían de programas educativos concretos o de libros de autoayuda son los que tienen menos probabilidad de participar o comprarlos. El mejor enfoque para llegar a la población son las audiencias cautivas. Las encontramos en lugares de trabajo y colegios mediante programas de desarrollo de personal o estudiantil. Algunos colegios ya están introduciendo programas sobre civismo y justicia restaurativa.

Conversaciones Pacíficas

El civismo llega muy lejos al comunicarse de forma pacífica mediante estrategias de validación, reformulación e inclusión en discusiones de grupo.

A diferencia de la exclusión no intencionada esporádica de uno de los interlocutores en interacciones en tríos, la exclusión continuada y el aislamiento social pueden tener consecuencias graves. Los lugares de trabajo y las escuelas públicas pueden desarrollar culturas para evitar la exclusión de las personas en lugares públicos, mediante simple disuasión, o mediante la prohibición de invitaciones exclusivas que no incluyen a todos. Hay cosas que no hay que decir. En situaciones sociales, los sentimientos de los excluidos deben estar por encima del deseo de compartir los detalles de un evento en el que no se les ha incluido. Por ejemplo, en una fiesta del Día de la Madre, una invitada comentó con otra sobre la belleza de las decoraciones. La otra invitada contestó: «Ah, son de la fiesta de cumpleaños de Helen, hace dos días». A continuación, contó con detalle la fiesta con 30 invitadas, sin darse cuenta de la tristeza de la oyente, que hasta el momento pensaba que a ella también se la consideraba amiga.

Con solo tener cuidado con los sentimientos de los demás y una conciencia aumentada es suficiente para reducir las consecuencias no intencionadas provocadas por la exclusión y los sentimientos heridos, que a la larga destruyen amistades, matrimonios y relaciones de negocios.

Reducir nuestra libertad de expresión ligeramente para incluir a los demás y evitar una exclusión visible y audible puede contribuir al bien superior. Investigaciones psicológicas indican que el aislamiento social, llevado al extremo, puede provocar graves atrocidades. O puede ser la gota que colma el vaso en personas mentalmente frágiles. Ser excluido de conversaciones en el trabajo, en clase, en la cafetería, en el parque e, incluso, de invitaciones de los demás, puede provocar que estas personas se afilien a grupos en los que se sienten incluidos, que a veces tienen intenciones hostiles hacia los demás. O un individuo puede enfrentarse a ello comprando una pistola y disparando a todos en un colegio o teatro.

Hasta hace poco, aquellos que abusaban verbalmente de los demás recibían un castigo menor que aquellos que, en defensa propia, atacaban físicamente. Es esperanzador que el movimiento de justicia restaurativa reconozca la necesidad de tratar con todas las personas. Con suerte, estos programas entrarán en la corriente general de comunicación calmada antes de que sea necesario restaurar la justicia. Los colegios que quieran restaurar esta justicia son más eficaces cuando no solo las personas implicadas en la pelea o altercado participan en la formación, sino todos.

Elizabeth Cohen, socióloga educativa de la Universidad de Stanford, demostró la importancia de tratar con todas las personas en una interacción. Sus estudios han demostrado los efectos de la percepción del estatus de los interlocutores en las interacciones, y la necesidad de educar a la corriente principal y a las minorías por igual.

Se agrupó a estudiantes de secundaria en grupos de cuatro, dos personas blancas y dos de color. Se les grabó jugando a un juego de mesa. Al tirar los dados, el grupo debía decidir en común dónde moverse para ganar, como equipo, frente a los demás. Microanálisis de los vídeos muestran que las personas blancas gritaban cuando aquellas de color intentaban hablar en cualquiera de los grupos. A medida que el juego continuó, los intentos de participar en la conversación de las personas de color se reducían. Para influir en la percepción de los estudiantes blancos acerca de la importancia de sus compañeros de color, se mostró una grabación de un estudiante de color enseñando a estudiantes blancos a montar una radio. La intención era ayudar a los estudiantes blancos a respetar y escuchar a los estudiantes de color. El vídeo se mostró a los jugadores antes de las siguientes partidas de tres maneras distintas. En el primer grupo, los estudiantes de color vieron el vídeo para aumentar su autoestima, con la esperanza de que hablaran más. En el segundo grupo, los estudiantes blancos vieron el vídeo con la esperanza de que respetaran más y prestaran más atención a los estudiantes de color. En el tercer grupo, todos vieron el vídeo juntos. Como es de esperar, tratar solo a la minoría no hizo mucho por darles un acceso equitativo a la conversación. La participación equitativa entre jugadores se logró con mayor éxito en el tercer caso, cuando se incluyó a ambas partes.[22]

Las implicaciones de educar a todas las partes en una interacción se aplican al hogar, al trabajo y a la educación en todos los niveles. Por ejemplo, los programas para doctores que pretenden incrementar la atención más pacífica con los pacientes tiene mejores resultados cuando tanto pacientes como doctores están implicados o reciben la formación. Tanto maestros como estudiantes se beneficiarían de programas de comunicación pacífica, así como padres e hijos.

Promover conversaciones pacíficas desde el principio

Todos mis años estudiando las leyes universales que nos hacen humanos en investigaciones en los cinco continentes me han llevado a la conclusión de que tanto narcisismo como altruismo son características que compiten en los humanos. Nuestra composición genética individual, las circunstancias concretas y el aprendizaje juegan un papel fundamental en decidir cuál de estas características saldrá a la superficie. Desastres como el 11 de septiembre o el tsunami en Indonesia sacan lo mejor de la mayoría de nosotros. Sin embargo, el aprendizaje cultural y los valores transmitidos por diferentes grupos, como los miembros del Klu Klux Klan frente a aquellos de Hábitat para la Humanidad, tienen efectos opuestos. Cuando los intereses de cada uno están en juego, los miembros de sociedades y culturas que valoran al individuo por encima del grupo pueden inclinarse hacia objetivos propios al interaccionar con los demás, a menos que ciertos rasgos genéticos que afectan a la empatía sean lo suficientemente fuertes como para superar el aprendizaje cultural.

El objetivo de este libro es promover una conversación pacífica desde el principio, para evitar que surjan conflictos. Antes de comenzar una conversación difícil o hablar de un tema controvertido, cálmese. Tómese un momento para respirar, pensar en algo positivo y alcanzar el equilibrio. Después, empatice y escuche. Preocúpese por la historia de su interlocutor y por el resultado. Acentúe lo positivo. No olvide las trampas arraigadas que minan la percepción y resaltan lo contrario, porque provocan que estereotipemos y culpemos. Y lo más importante, haga un examen de su diálogo y reformule para que sus palabras apoyen su objetivo.

Al igual que cada voto cuenta, uno a uno podemos hacer un esfuerzo consciente para lograr una comunicación calmada. Cuando practicamos las estrategias presentadas en este libro, el deseo de paz en el mundo de *Miss Agente Especial* puede no ser tan descabalado.

Si todos estamos conectados, entonces la unión hace la fuerza. Lo que hace más fuertes a nuestros adversarios también nos hace más fuertes a nosotros. Y si investigaciones como el Proyecto

Conciencia Global proporcionan pruebas científicas para convencer a los escépticos de que merece la pena intentarlo, las conversaciones calmadas basadas en estrategias empáticas en las que todos ganan pueden crear el camino de baldosas amarillas, baldosa a baldosa, paso a paso.

Gail Nemetz Robinson, Ph.D.

«Sea bueno con los demás».

Ellen DeGeneres

Notas

[1] Flanagan, Owen (2003). The Problem of the Soul, Basic Books.

[2] *The Shamatha Project*, http://mindbrain.ucdavis.edu/labs/Saron/research-areas

[3] Lozanov, Georgi, *Suggestopedia* en Richards, J. and Rodgers, T. Approaches and Methods in Language Teaching, Cambridge University Press, 2001.

[4] Creath, Katherine, and Schwartz, Gary, *Measuring effects of music, noise, and healing energy using a seed germination bioassay*, en The Journal of Alernative and Complementary Medicine, Vol 10 No. 1, 2004, 113-122 Mary Ann Liebert, Inc.

[5] Dra. Susan Klear, psicóloga, http://www.klearyourmind.com/?page_id=26,

basado en un tratamiento con orígenes en Moscú, introducido por la Dra. Galina Mindlin, neuropsiquiatra de The Brain Music Therapy Center de Nueva York.

[6] Cf. Sacks, O. (2007) <u>Musicophilia: Tales of Music and the Brain</u>, Alfred A. Knopf. También cf. Jenny, H. <u>Cymatics: A Study of Wave Phenomena & Vibration,</u> Macromedia Press, 2001. Están disponibles una variedad de recursos, como: Keyes, Laurel Elizabeth (1973), <u>Toning: the creative power of the voice</u>; DeVorss; Gardner, Kay, (1990), <u>Sounding the Inner Landscape: Music as Medicine</u>, Caduceus; y Storr, Anthony, (1992) <u>Music and the Mind</u>, Ballantine.

[7] *Color Chants*, Robinson, Gail, DVD próximamente disponible en Amazon; CD disponible en iTunes.

[8] Princeton University, Office of Communications, Sept, 2001
https://www.princeton.edu/pr/news/01/q3/0914-brain.htm

[9] Goleman, Daniel, Emotional Intelligence, Bantam, 1997.

[10] Ver el debate sobre *Greater Good*, de Jason Marsh, basado en el trabajo de V.S. Ramachandran,

neurocientífico de UC San Diego, siguiendo el trabajo de los investigadores italianos Giacomo Rizzolatti y Vittorio Gallese (presentado en la conferencia Being Human Conference, San Francisco, 2012).

http://greatergood.berkeley.edu/article/item/do_mirror_neurons_give_empathy

[11] Robinson, Gail L. Nemetz, Crosscultural Understanding, Prentice Hall, 1988.

[12] Un estudio longitudinal a gran escala, *Delphi Project*, dirigido por el Departamento de Educación de Nueva Gales del Sur en Australia confirmó que el estado socioeconómico era más importante que la educación y los efectos de metodologías de profesores concretos sobre alfabetización y matemáticas, en Gail L. Nemetz Robinson, The Forest through the Trees, Issues in Language Education, Heinle and Heinle, 1981.

[13] Robinson, Gail L. Nemetz, *Culturally Diverse Teaching Styles* en Wilga Rivers, Interactive Language Teaching, Cambridge University Press, 1987.

[14] Robinson-Stuart, Gail and Nocon, Honorine, *Second Culture Acquisition* MLJ (Modern Language Journal,) Vol. 80, Num. 4, December, 1996.

[15] *60 minutes, 25 Years,* CBS Video, Fox Video.

[16] Robinson, Gail, *From the Inside: Ethnographic Interviews in the Language classroom,* National Language Resource Center (LARC), San Diego State University, 1996, disponible en YouTube.

[17] California Educator, mayo 2015, Vol. 19, N.° 9, p. 11.

[18] http://america.aljazeera.com/articles/2013/8/25/controversial-headdressbantopromoteunityquebecpmsays.html

Francia y Canadá han llegado a extremos intentando implementar leyes sobre unidad con resultados muy mezclados. Consultar el debate existente sobre controvertida legislación europea para mantener la religión fuera de la esfera pública al prohibir ciertos atuendos religiosos, aprobada en Francia. Las medidas similares propuestas en Quebec para unificar la provincia no triunfaron.

[19] Seligman, Martin, *Chronic fear produced by unpredictable electric shock,* Journal of Comparative and Physiological Psychology, 66-402-11.

[20] Amen, Daniel - Healing ADD Revised Edition: The Breakthrough Program that Allows You to See and Heal the 7 Types of ADD, Berkeley, diciembre, 2013.

[21] Robinson, Crosscultural Understanding.

[22] *The Global Consciousness Project,* http://noosphere.princeton.edu/

[23] Cohen, Elizabeth G. *Groupwork for the integrated classroom, Stanford University Status Equalization Project,* in Robinson, <u>Crosscultural Understanding</u>.

www.ingramcontent.com/pod-product-compliance
Lightning Source LLC
Chambersburg PA
CBHW021127300426
44113CB00006B/318